Thorsten Schleif

WO UNSERE JUSTIZ VERSAGT

Thorsten Schleif

WO UNSERE JUSTIZ VERSAGT

Von Messerstechern, Kinderschändern und Polizistenmördern. Ein Richter deckt auf

riva

Bibliografische Information der Deutschen Nationalbibliothek
Die Deutsche Nationalbibliothek verzeichnet diese Publikation in der Deutschen Nationalbibliografie. Detaillierte bibliografische Daten sind im Internet über http://d-nb.de abrufbar.

Für Fragen und Anregungen
info@rivaverlag.de

Originalausgabe
1. Auflage 2022

Türkenstraße 89
80799 München
Tel.: 089 651285-0
Fax: 089 652096

Redaktion: Dr. Daniel Bussenius
Umschlaggestaltung: Sonja Vallant
Umschlagabbildung: © Inga Jockel
Satz: abavo GmbH, Buchloe
Druck: GGP Media GmbH, Pößneck
Printed in Germany

ISBN Print 978-3-7423-2045-2
ISBN E-Book (PDF) 978-3-7453-1802-9
ISBN E-Book (EPUB, Mobi) 978-3-7453-1803-6

Wir produzieren nachhaltig
www.m-vg.de

Weitere Informationen zum Thema finden Sie unter

www.rivaverlag.de

Beachten Sie auch unsere weiteren Verlage unter www.m-vg.de

In Gedenken an meinen Vater
Gerd Schleif
(1949–2021)

Inhalt

Darüber musst du auch einmal schreiben!

»Darüber musst du auch einmal schreiben!« Das ist der Satz, den ich am häufigsten gehört habe, seit im Herbst 2019 mein erstes Buch Urteil: Ungerecht – Ein Richter deckt auf, warum unsere Justiz versagt *erschienen ist. Ich habe ihn gehört von Richterkollegen, Staatsanwälten, Polizeibeamten, Rechtsanwälten, Freunden, Nachbarn und Bekannten. Im Gerichtsaal oder im Café, zu Hause oder im Büro, im Supermarkt, in der Bahn und sogar am Flughafen. Aber heute höre ich ihn zum ersten Mal in über 1700 Meter Höhe. Und noch dazu von einem Menschen, den ich vor einer Viertelstunde noch gar nicht gekannt habe.*

Oberhalb von 1000 Metern wird geduzt – einer der vielen Bräuche, die mir in den österreichischen Alpen sehr gefallen. Auf jeder Hütte kommt man so viel leichter und ungezwungener ins Gespräch, so auch mit der jungen Dame, die gefragt hat, ob sie sich zu uns an den rustikalen Tisch unter den großen gelben Sonnenschirm setzen darf. Die blonden Haare zu einem Pferdeschwanz gebunden, Sonnenbrille auf der Nase, Wanderschuhe, Trekkinghose, T-Shirt. Und ein offenes Lächeln auf den Lippen. Schnell stellt sich heraus:

Sie ist Juristin, Staatsanwältin, um genau zu sein, aus Baden-Württemberg. Schon sind wir im Gespräch, reden über die langen Verfahrensdauern und den Lockdown, der zu viele Richterkollegen bewogen hat, das Arbeiten einzustellen.

»Es gibt Kollegen, die angeblich Angst haben, sich in einem Gerichtssaal anzustecken, der die Größe eines Tennisplatzes hat, aber jeden Morgen in der überfüllten U-Bahn zur Arbeit kommen«, sage ich augenzwinkernd.

Ein Grinsen huscht ihr über das Gesicht.

»Jetzt, weiß ich, wer du bist! Du hast doch dieses Buch geschrieben! Ich hab es als Hörbuch gehört. Hat mir gut gefallen!«

»Danke.«

»Wann kommt das nächste?«

»Weiß ich noch nicht.«

»Kommen die Coronaentscheidungen vor?«

»Vielleicht.«

»Also ich finde: Darüber musst du auch einmal schreiben.«

Schon wieder dieser Satz! Worüber müsste auch einmal geschrieben werden? Robert K., seit über 20 Jahren Polizeibeamter in Berlin, findet, dass über die »viel zu milden Urteile« bei Messerangriffen geschrieben werden muss. Strafverteidiger Günther P., mehr als 30 Jahre im Geschäft, ist der Ansicht, dass sich die Frage der Legalisierung von Marihuana für ein Kapitel eignet. Und Staatsanwältin Christine D. aus Niedersachsen hält ein paar deutliche Zeilen zu den geringen Strafmaßen bei Kindesmissbrauch für längst überfällig. Und zu jeder dieser Anregungen für mein nächstes Buch, die ich seit 2019 immer wieder erhalte, mache ich eine kleine Notiz und zerstöre auf diese Weise die Hoffnung meiner Ehefrau, dass meine »Zettelwirtschaft«, die schon Grundlage meines ersten Buches war, endlich ein Ende hat. Immerhin habe ich damit begonnen, die Notizzettel nur noch an einem einzigen Ort unseres Hauses zu sammeln, meinem neuen Schreibtisch. Na gut, einige vielleicht auch auf dem Nachttisch. Und ein paar auf der Fensterbank in der Küche vielleicht. Jedenfalls ist es deutlich besser geworden. Ein wenig.

Als im Sommer 2021 die Notizzettelhaufen zusammengenommen Buchstärke erreichen, berichte ich meinem Projektleiter Carsten im riva-Verlag von der Idee zu einem neuen Buch.

True Crime

»Was wird es denn?«, fragte Carsten neugierig. »Ein wenig True Crime?«

»Was bitte?« Ich bin zu alt für diese Modebegriffe.

»Ein wenig ›Fälle aus dem Leben des Strafrichters‹ meine ich.«

»Ach so.« Sag das doch gleich. »Ja. Auch.«

»Und über was willst du schreiben?«

»Über Kinderschänder, Messermänner und Verfassungsrichter.«

Carsten lacht. »Wäre ein schöner Untertitel. Etwas provokativ vielleicht.«

»Wo das doch gar nicht meine Art ist.«

»Ich denke darüber nach und melde mich. Wir peilen mal September 2022 an. Genieß erst einmal in Ruhe deinen Sommerurlaub mit der Familie. Wohin geht es?«

»Da uns Fliegen in diesem Jahr zu unsicher war, mit dem Auto nach Österreich. In die Steiermark.«

»Sehr schön! Im Sommer wie im Winter. Tolles Skigebiet.«

»Sagt meine Frau auch. Mich interessiert eher die gute österreichische Küche. Und die Kaffeehäuser. Topfenstrudel, Malakoff, Sachertorte, Apfelstrudel, Palatschinken. Ich habe mir fest vorgenommen, 20 Pfund zuzunehmen.«

»Na dann, einen schönen Urlaub!«, lacht Carsten. »Ich melde mich.«

Noch bevor ich in den Sommerurlaub fahre, setze ich mich an den Schreibtisch, um das Exposé für das Buch zu schreiben, eine Art Inhaltsangabe für den Verlag. Vor mir, neben mir, um mich herum liegen etwa 200 Notizzettel unterschiedlicher Größe und Farbe mit möglichen Themen für die einzelnen Kapitel. Ich habe genug Stoff für etwa 50 Kapitel. Das ist zu viel. Zwölf sollen es werden. Vielleicht 16. Was darf rein, was kann rein, was muss rein? Auf der Rückseite einer Tankquittung vom Mai 2021 steht in schlechter Handschrift, die ich sofort als meine eigene identifiziere: »AG Düsseldorf, Chr. Metz., KiPo, 10 Monate mit Bewährung – angemessen???« Stimmt, die milden Verurteilungen bei Besitz und Verbreitung von Kinderpornos sind ein Thema, das nicht fehlen darf. Der Fall des Fußballprofis Metzelder erregte im Frühjahr 2021 großes Aufsehen. »Gef. Körperverletzung mit Messer, nur geringe Bewährungsstrafen« ist auf die Rückseite eines drei Wochen alten Einkaufszettels gekritzelt. Die »Messermänner«, seit einigen Jahren sind sie aus den Schlagzeilen kaum mehr wegzudenken. Und natürlich die Raser-Fälle. Und der große Prozess vor dem Landgericht Münster wegen Kindesmissbrauch. So geht es weiter, bis ich fast ein Dutzend Themen gesammelt habe. Plötzlich fällt mein Blick auf eine Kalenderrückseite, die ich aus einem Notizbuch gerissen habe: »Verwaltungsgerichte, Entscheidung aus Angst, Coronamaßnahmen, Verhältnismäßigkeit nicht geprüft???« Natürlich, Corona und die Gerichte! Die Entscheidungen während der Coronapandemie, vor allem die der Verwaltungs- und Verfassungsgerichte, aber auch der Umgang mit dem »abtrünnigen« Richter aus Weimar, der im Frühjahr und Sommer einige Schlagzeilen machte – sie können, dürfen, müssen in dieses Buch! Meine regelmäßigen Youtube-Videos mit meinem Freund, dem Rechtsanwalt Markus Mingers, zeigen eindrucksvoll, wie viele Menschen sich für die rechtlichen Hintergründe der Coronaentscheidungen interessieren. Rasch suche ich die übrigen Notizzettel zu diesem Themenkomplex zusammen. Nach etwa anderthalb Stunden ist das Exposé für mein neues Buchprojekt fertig: 200 Seiten, zwei Teile, 16 Kapitel.

Das Exposé steht, die Themen sind gewählt, Spätherbst 2022 ist für die Veröffentlichung vorgesehen. Zufrieden fahre ich mit meinen drei Mädels in den Sommerurlaub. Ganz entspannt. Bis plötzlich …

Schlaf etwas schneller!

Das herrliche kleine Café am Kurpark in Gröbming hat alle meine Erwartungen weit übertroffen. An fast jedem Nachmittag sitze ich an einem der kleinen Tische mit wechselnder Mehlspeise. Und konstantem »Großen Braunen« – so nennen diese politisch unkorrekten, gefühlskalten Ösis einen doppelten Espresso. An einem dieser ent-

spannten Nachmittage klingelt mein Handy und auf dem Display erscheint »C.F. – riva Verlag«.

»Grüß dich! Bist doch noch im Urlaub?«

»Servus Carsten! Ja, sitze soeben in meinem neuen Lieblingscafé.«

»Da will ich dich gar nicht stören. Das Exposé ist toll. Wir machen das.«

»Sehr schön! Bleibt es bei November 2022?« Im Juli 2022 soll mein erster Kriminalroman mit dem Titel Richter morden besser *erscheinen. Das Manuskript ist so gut wie fertig. Also hätte ich mehr als ein Jahr Zeit, um an dem neuen Buch zu arbeiten.*

»Bist du einverstanden, wenn wir das Buch ein paar Tage früher veröffentlichen?«

»Klar. Was schwebt dir als Abgabetermin vor?« Bisher soll das Manuskript, von dem noch nicht ein Wort geschrieben ist, Ende Juli 2022 fertig sein. Aber Ende Juni sollte auch kein Problem sein.

»April 22«, antwortet Carsten. Also nochmal zwei Monate früher. Wird eng, aber machbar.

»Geht klar«, antworte ich zuversichtlich.

»Gut! Also Veröffentlichung im April 22. Dann musst du bis Ende Dezember fertig werden.« Bitte was? Das sind ja nur noch fünf Monate für das Manuskript. Das Manuskript, von dem noch nicht ein Wort geschrieben ist.

»Ende Dezember?«, frage ich vorsichtig.

»Du hast Recht«, antwortet Carsten. »Gott sei Dank«, denke ich. Carsten denkt auch: »Ende Dezember ist immer blöd wegen der Feiertage. Ende November ist besser.«

Ende November ist besser. Als Abgabetermin. Für das Manuskript. Das Manuskript, von dem noch nicht ein Wort …

»Geht klar, kein Problem«, sagt eine Stimme, und zu meinem Erschrecken stelle ich fest, dass es meine eigene ist.

»Großartig. Ich lasse den Vertrag aufsetzen.« Das ist meine letzte Chance richtigzustellen, dass ich mich versprochen habe. Die muss ich nutzen.

»Super. Ich freue mich!« Mist, das ist nicht unbedingt die Botschaft, die ich vermitteln wollte.

»Sehr schön, bis dann!« Carsten legt auf, bevor ich noch etwas sagen kann. Wahrscheinlich ist das auch besser so, sonst hätte ich noch morgen Abend als Abgabetermin vereinbart. In den folgenden Wochen verkürzte ich die nächtliche Ruhephase auf maximal sechs Stunden und nehme mir einen Rat des berühmten österreichischen Philosophen Arnold Schwarzenegger zu Herzen: »Schlaf ein wenig schneller!«

Wenn Sie jetzt ein Buch in den Händen halten, dann ist das Manuskript noch rechtzeitig fertig geworden. Sein erster Teil handelt von Kindesmissbrauch, Messerangriffen, Kinderpornografie – brutalen und widerlichen Verbrechen, bei denen die Gerichte viel zu oft eine nicht nachvollziehbare Milde zeigen. Er handelt von Schwarzfahren, Kiffen und Fahrerflucht bei harmlosen Blechschäden, solchen Delikten, die vom Justizapparat oft ungewöhnlich hart und unnachgiebig verfolgt werden. Und er handelt von Richtern, die ihrer Verantwortung als Teil der dritten Staatsgewalt nicht gerecht werden. Diese Richter stellen ein Bindeglied dar: Sie begegnen Ihnen auch im zweiten Teil des Buches, in dem die Entscheidungen der Gerichte während der Coronapandemie untersucht werden. Ein besonderes Augenmerk wird dabei auf die Hintergründe und Ursachen jener Entscheidungen gelegt – Spoiler-Alarm: Sie werden erfahren, dass Jura und das Gesetz damit nicht allzu viel zu tun haben.

In jedem Kapitel wird sowohl ein Justizproblem anhand eines Einzelfalls dargestellt als auch eine Lösungsmöglichkeit. Einige Lösungsmöglichkeiten sind bereits mit der bisherigen Rechtslage umsetzbar, andere bedürfen einer Gesetzesänderung. Alle jedoch benötigen etwas, das der deutschen Justiz seit Jahren fehlt: den Willen, sich zu verändern. Ob mit diesem Willen in der Zukunft gerechnet werden darf, das erfahren Sie im abschließenden Kapitel »Glaubst du …?«.

Die Fälle in diesem Buch, die geschilderten Taten, die Täter und die Opfer, hat es so gegeben. Einzelne Details wurden jedoch modifiziert, die Namen und Orte sind aus Gründen des Persönlichkeitsrechts verändert worden.

Ein Wort zur Sprachwahl: Ich bin (noch immer) kein Freund der sogenannten gendergerechten Sprache. Deshalb verzichte ich auf Bezeichnungen wie Richter*in ebenso wie auf Messerstecher*in und Räuber*in. Auch Wörter wie Richtende und Leistungserschleichende werden Sie in diesem Buch vergeblich suchen. Das dient allein dem flüssigen Lesen. Es ist keine Unterschätzung der Bedeutung der Frau oder eines anderen Geschlechts, weder in der Richterschaft noch im kriminellen Milieu.

Teil I

Kapitel 1
Messermänner heißen …

§ 224 Strafgesetzbuch

–

Gefährliche Körperverletzung

Sie sind voller Blut!

Hamid D. stammt aus Marokko. Vor beinahe acht Jahren kam er nach einer abenteuerlichen Reise nach Europa. In der ersten Zeit fand er nirgendwo Halt. Er lebte in Deutschland, Frankreich, Belgien und Holland. Schließlich zog es ihn zurück nach Deutschland. Hier gefällt es ihm am besten. Obwohl es in den anderen Ländern leichter ist, Arbeit zu finden. In Deutschland gibt es viele Vorschriften, Ämter und Formulare. Nicht wenige seiner Landsleute haben damit Schwierigkeiten. Einige wählen einen leichten Weg und begehen Straftaten. Sie stehlen oder dea-

len mit Marihuana und härteren Drogen. Aber das kommt für Hamid D. nicht infrage. Sich an die Regeln halten, auch wenn es schwerfällt, Deutsch lernen und arbeiten. Das ist sein Weg. Und anderen Menschen helfen, die von Marokko nach Deutschland kommen und Startschwierigkeiten haben. So ein Mensch ist Ali L. Ali L. stammt wie Hamid aus Marokko. Vor vier Jahren kam er nach Deutschland, heiratete die deutsche Petra L. und wurde Vater eines mittlerweile drei Jahre alten Jungen. Ali L. hat dieselben Schwierigkeiten wie Hamid. Aber Ali wählt einen leichten Weg, begeht Straftaten und wurde bereits zweimal wegen Wohnungseinbruchsdiebstahl zu Bewährungsstrafen verurteilt. Auch eine Geldstrafe wegen vorsätzlicher Körperverletzung findet sich in seinem Strafregister. Hamid D. hat Mitgefühl mit Ali und versucht, ihm zu helfen. Er begleitet Ali zu Behörden und hilft, die notwendigen Anträge auszufüllen. Als Ali einmal knapp bei Kasse ist, leiht Hamid ihm 100 Euro. Das ist für Hamid selbst keine kleine Summe. Nach ein paar Wochen spricht er Ali auf das Geld an. Doch Ali L. hat nur 50 Euro.

»Den Rest bekommst du ein anderes Mal«, vertröstet er Hamid. Ein paar Tage später bringt er Hamid ein gebrauchtes Fahrrad.

»Hier. Anstatt der 50 Euro.«

Hamid sieht sich das Fahrrad an. Es sieht gut aus. Und wertvoller als 50 Euro.

»Woher hast du es?«, will Hamid wissen.

»Gekauft.«

»Hast du den Kaufvertrag noch?«, fragt Hamid argwöhnisch.

»Nein.«

»Dann behalt das Fahrrad. Gib mir die 50 Euro.«

Ali ist wütend. »Später!«

Einige Wochen darauf trifft Hamid im Supermarkt auf Ali L. und dessen Frau Petra. »Hast du die 50 Euro?«, fragt er Ali. Diese Frage hätte er nicht stellen sollen. Ali blickt Hamid wütend an und zischt einen Fluch. Hamid ist verunsichert und verlässt den Supermarkt, um die Situation zu entschärfen.

Wenige Tage später begegnen sie sich erneut in einem Park. Ohne Vorwarnung schlägt Ali auf Hamid ein. Hamid ist überrascht, kann sich trotzdem verteidigen. Schließlich lässt Ali von ihm ab.

In der folgenden Woche fährt Hamid D. mit seinem alten Fahrrad, das er gebraucht gekauft und notdürftig repariert hat, am Rand des kleinen Parks entlang. Wieder trifft er auf Ali L. Als der ihn sieht, rennt er wütend auf Hamid zu. Hamid will keinen Streit, tritt in die Pedale und verschafft sich einen Vorsprung. Doch dann springt plötzlich die Kette des alten Fahrrads ab. Hamid tritt ins Leere, stürzt mit dem Fahrrad und verheddert sich in der Kette. Ali holt ihn ein. Er sieht, dass Hamid hilflos am Boden liegt und nutzt die Gelegenheit. Aus seiner Jackentasche zieht er ein Messer und sticht auf Hamid ein. Einmal, zweimal. Wuchtig. In den Rücken. Die Klinge durchstößt Hamids Jacke, die Haut und den Muskel. Unterhalb des linken Schulterblattes dringt das Metall in die Lunge ein. Ali sieht, dass Hamid sein Portemonnaie bei dem Sturz verloren hat. Kurzentschlossen hebt er es auf und rennt davon, nicht mehr auf den am Boden liegenden Hamid D. achtend. Doch Hamid gelingt es aufzustehen und er stolpert Ali hinterher. Hamid bemerkt nicht, dass er zwei stark blutende Stichverletzungen hat, glaubt, Ali hätte ihm nur zweimal in den Rücken geboxt. Ein häufiges Phänomen, von dem die Opfer eines Messerangriffs berichten. An einem Fußgängerüberweg bleibt Hamid stehen und stützt sich gegen die Ampel. Er kann sich nicht erklären, warum ihm plötzlich schwindlig ist. Auch das Atmen fällt ihm schwer, Hamid bekommt kaum noch Luft.

»Um Gottes Willen«, schreit ihn eine junge Frau an, die mit ihrer Freundin an der Ampel wartet. »Sie sind voller Blut!«

Hamid tastet mit der Hand seinen Rücken ab. Die Stelle unter dem Schulterblatt ist warm, feucht und klebrig. Erschrocken zieht er die Hand zurück. Rotes Blut läuft an seiner Handfläche entlang. Hamid sackt auf die Knie, die schwarzen Flecken vor seinen Augen werden immer größer.

Geistesgegenwärtig holt eine der beiden jungen Frauen ihr Handy aus der Handtasche und wählt den Notruf.

»Hallo! Wir sind hier an der Kreuzung Bismarckstraße, Augustaweg. Bitte schicken Sie schnell einen Rettungswagen … Ein Mann … er blutet stark!«

Nur wenige Minuten später bahnt sich ein Rettungswagen mit Blaulicht und Sirene den Weg durch die dicht befahrene Straße bis zu der Kreuzung. Hamid D. wird in das naheliegende Hospital gebracht und sofort operiert. Gerade noch rechtzeitig.

Die Messermänner! Seit einigen Jahren sind sie aus der Tagespresse kaum noch wegzudenken. Der Ursprung der »Messermänner« waren gehäufte Berichte über Messerangriffe vor einigen Jahren, die eine Gemeinsamkeit hatten: Sie wurden überwiegend von jungen Männern nichtdeutscher Nationalität ausgeführt. Die gehäuften Berichte hätten Anlass genug gegeben zu prüfen, ob die zweifellos besorgniserregenden Schlagzeilen nur den Anschein erwecken, dass Messerangriffe überdurchschnittlich häufig von jungen Männern nichtdeutscher Nationalität ausgeführt werden, oder ob dies tatsächlich der Fall ist. Stattdessen wurde – wie so oft in Deutschland – eine hitzige und unsachliche »Debatte« geführt, beherrscht von den Vorwürfen des Rassismus einerseits und des Gutmenschentums andererseits. Immerhin sprach sich die Innenministerkonferenz im Jahr 2018 aus, Messerangriffe zukünftig bundeseinheitlich zu erfassen, sodass seit dem 1. Januar 2020 Messerangriffe bundesweit in der Polizeilichen Kriminalstatistik erfasst werden. Theoretisch. Denn eine Auswertung fand in der Statistik im Erfassungsjahr 2020 mangels »valider Zahlen« nicht statt. Und auch die Polizeilichen Kriminalstatistiken der einzelnen Bundesländer für das Jahr 2020 sind nur bedingt aussagekräftig. Zum Teil werden Messerangriffe im Bereich der Körperverletzungsdelikte gar nicht isoliert ausgewertet, so zum Beispiel nicht in Bayern. Andere Länder differenzieren bei den Tatverdächtigen nicht zwischen Deutschen und Nichtdeutschen. Darüber hinaus sind die Zahlen der Polizeilichen Kriminalstatistik aufgrund der besonderen Situation infolge der Coronapandemie, vor allem der Lockdown-Maßnahmen, erwartungsgemäß um etwa 20 Prozent rückläufig im Vergleich zu den Vorjahreszahlen.

Im Folgenden werden die Polizeistatistiken der bevölkerungsreichen Bundesländer Nordrhein-Westfalen und Baden-Württemberg für das Jahr 2020 betrachtet, die entsprechend des Beschlusses der Innenministerkonferenz 2018 die Messerangriffe bereits im Einzelnen ausweisen. Hiernach ergibt sich folgendes Bild:

Unter den 4608 (Nordrhein-Westfalen)[1] bzw. 1708 (Baden-Württemberg)[2] Tatverdächtigen, die als Tatmittel (nicht nur bei Körperverletzungen) ein Messer benutzten, befanden sich 1970 bzw. 931 Nichtdeutsche. Damit machen sie einen Anteil von circa 43 Prozent in Nordrhein-Westfalen und 55 Prozent in Baden-Württemberg aus. Auch auf der Opferseite ist der Anteil Nichtdeutscher auffällig hoch: Von den 5941 Menschen, die in Nordrhein-Westfalen Opfer eines Messerangriffs wurden, besaßen 2147 nicht die deutsche Staatsbürgerschaft. Das sind 36 Prozent. Bereits diese Zahlen der beiden bevölkerungsstarken Bundesländer sollten Anlass genug sein zu prüfen, ob der Anteil nichtdeutscher Tatverdächtiger und nichtdeutscher Tatopfer in den anderen Bundesländern vergleichbar hoch ist. Nur wenn ein Problem benannt und bekannt wird, ist es möglich, seine Ursache zu suchen und eine Lösung.

Messermänner sind übrigens – obwohl dies vielleicht unter Gendergesichtspunkten bedenklich ist – tatsächlich Messer*männer*. Der Frauenanteil bei den Tatverdächtigen, die eine gefährliche Körperverletzung begehen, liegt bundesweit bei unter 20 Prozent[3] und ist damit noch geringer als der Frauenanteil an den Tatverdächtigen generell (bundesweit 25 Prozent). Dazu eine kleine Anekdote: Meine neunjährige Tochter Kira fragte mich, warum die Fenster in dem Gebäude hinter dem Amtsgericht vergittert seien. Als ich ihr erklärte, dass dies das Frauengefängnis sei, wurde sie plötzlich sehr still und nachdenklich. Nach einigen Minuten sagte sie mit einer Mischung aus Empörung und Betroffenheit: »Also, dass Männer ins Gefängnis müssen, weil sie was Dummes gemacht haben … klar! Aber Frauen? Ich dachte immer: Frauen sind vernünftig …«

Legt man die Kriminalstatistiken der Bundesländer Nordrhein-Westfalen und Baden-Württemberg zugrunde, so wurden im vergangenen Jahr jeden Tag durchschnittlich 22 Menschen in der Bundesrepublik Deutschland Opfer einer Körperverletzung, bei der ein Messer verwendet wurde. 22 Menschen pro Tag! Und das im kriminalstatistisch ruhigen Coronajahr 2020. Es spricht viel dafür, dass diese Zahl in »normalen« Jahren nochmals deutlich höher ausfällt. Allein Nordrhein-Westfalen verzeichnete für das Jahr 2019 mehr als 6800 Straftaten, bei denen ein Messer verwendet wurde. Und selbst 2020 mussten noch 4669 Fälle verzeichnet werden, darunter 1809 (gefährliche) Körperverletzungen. Hierbei sind die Taten, bei denen ein angespitzter Schraubenzieher, eine Schere oder ein abgebrochener Flaschenhals als Messerersatz benutzt wurde, noch gar nicht mitgerechnet.

Neben den furchterregenden Berichten über Messerangriffe häufen sich die Presseschlagzeilen über erstaunlich milde Verurteilungen der Täter: »Bewährungsauflage nach lebensgefährlicher Messerattacke«,[4] »Er stach auf Kontrahenten ein: Bewährung für Brutalo-Boxer ›Tyson‹«,[5] »Beziehungsprobleme mit dem Messer gelöst: Bewährungsstrafe«[6] … Nahezu wöchentlich tauchen derartige Schlagezeilen in den Zeitungen bundesweit auf, sodass sich die Justiz die Frage gefallen lassen muss: Reagiert die Strafverfolgung angemessen bei Messerangriffen oder werden Messerstecher zu milde bestraft?

Solange er noch lebt …

»Was beschäftigt dich?« Staatsanwalt Jochen K. lehnt sich auf dem bequemen Stuhl des kleinen Cafés in der Altstadt zurück und nippt an seiner Espressotasse.

»Ich denke über einen Fall nach«, antworte ich knapp.

»Und worum geht es?«

»Der Angeklagte hat seinem Mitmenschen ein Messer in den Rücken gerammt. Zweimal.«

»Darf man nicht«, stellt der Staatsanwalt trocken fest.

»Danke. Das erspart mir das Einholen einer zweiten Meinung. Ist doch immer eine Bereicherung, mit einem Staatsanwalt essen zu gehen.«

Jochen grinst breit.

»Also: Folgender Sachverhalt …« Dann berichte ich von der Vorgeschichte, der Beziehung von Hamid D. und Ali. L., dem Messerangriff und den Verletzungsfolgen. Der Staatsanwalt hört schweigend zu, seine Miene wird zunehmend ernster.

»Und warum ist der Fall bei dir angeklagt worden?«, fragt er schließlich. »So etwas gehört zum Landgericht.«

»Da war die Akte auch«, erkläre ich.

Der Staatsanwalt hebt eine Augenbraue. »Aber?«

»Die Strafkammer hat keinen Grund dafür gesehen, dass das Landgericht über die Anklage entscheiden sollte. Die Kollegen sind der Auffassung, die Strafgewalt des Amtsgerichts reiche aus.«

Mein Freund schüttelt entgeistert den Kopf.

»Ich fasse mal zusammen: Ein Vorbestrafter sticht mit einem Messer auf ein hilflos am Boden liegendes Opfer ein. Kleidung, Haut und Muskel werden durchstoßen und die Lunge wird getroffen. Eine Notoperation ist erforderlich. Zu allem Überfluss nutzt der Täter die unglückliche Situation des Opfers auch noch aus, um dessen Brieftasche zu stehlen.«

»Genau.«

»Und da sollen vier Jahre ausreichen?«

Ich zucke mit den Schultern und nicke.

»Lächerlich! Was für ein Signal wird denn damit gesetzt?!«

»Ich habe das Gefühl, das Landgericht verhandelt solche Körperverletzungen nicht gern.«

Jochen macht ein ernstes Gesicht. »Da ist was dran. In den letzten Jahren häuft sich dieser lasche Umgang mit gefährlichen Körperverletzungen.« Nach einem Moment fügt er hinzu. »Und meinem Eindruck nach nicht nur in unserem Bezirk. Das scheint ein allgemeines Problem zu sein. Deutschlandweit.«

Der Staatsanwalt stellt die Espressotasse zurück auf den Tisch und sieht mich an.

»Darüber solltest du mal schreiben!«

Bundesweit besteht eine große Zurückhaltung bei der Strafverfolgung gefährlicher Körperverletzungen mittels Waffen und gefährlicher Werkzeuge. Gleich ob der Täter seinem Mitmenschen ein Messer in den Bauch rammt, ihn überfährt, mit einem Baseballschläger oder Brecheisen bearbeitet oder ihm mit den Stahlkappen seiner Schuhe gegen den Kopf tritt, wenn er bereits am Boden liegt. Zu häufig werden derartige Straftaten vor den Amtsgerichten verhandelt. Entweder weil die Staatsanwaltschaft von vornherein die Anklage bei den Amtsgerichten erhebt oder weil die Strafkammern der Landgerichte die Verfahren an die Amtsgerichte abgeben. Damit wird die mögliche Freiheitsstrafe für die angeklagte gefährliche Körperverletzung, zum Beispiel den Messerangriff, bereits vor Beginn der Hauptverhandlung und der Beweisaufnahme auf maximal vier Jahre beschränkt. Denn das ist die höchste Strafe, die ein Amtsgericht aussprechen darf. Vier Jahre Freiheitsstrafe. Und das ist weniger als die Hälfte dessen, was das Gesetz für eine gefährliche Körperverletzung als

Höchststrafe vorsieht. In § 224 des Strafgesetzbuchs wird ein Strafrahmen von sechs Monaten bis zu zehn Jahren Freiheitsstrafe eröffnet. Den früheren Strafrahmen von drei Monaten bis zu fünf Jahren verdoppelte der Gesetzgeber bereits im Jahr 1998, um das Rechtsgut der körperlichen Unversehrtheit aufzuwerten. Doch der eindeutige Wille des Gesetzgebers ließ die deutschen Strafrichter kalt. Diese Beobachtung wird nicht nur von vielen Staatsanwälten und Polizeibeamten geteilt, auch die offizielle Statistik der Strafrechtspflege ist beeindruckend eindeutig. Die folgende Tabelle zeigt die Aburteilungen gefährlicher Körperverletzungen, unter die auch die zuvor beschriebenen Körperverletzungen mittels eines Messers fallen, im Jahr 2019.[7]

Strafhöhe	**gefährliche Körperverletzungen mit Verurteilung zu einer Freiheitsstrafe: 9651**	**davon Freiheitsstrafen mit Strafaussetzung zur Bewährung: 7714**
unter 6 Monaten	408	376
6 Monate	1388	1323
6 bis 9 Monate	2942	2763
9 Monate bis 1 Jahr	2187	1905
1 bis 2 Jahre	1966	1347
mehr als 2 bis 3 Jahre	424	-[8]
mehr als 3 bis 5 Jahre	267	-
mehr als 5 bis 10 Jahre	68	-
mehr als 10 Jahre	1	-

Mehr als 99 Prozent (!) der Freiheitsstrafen, die wegen einer gefährlichen Körperverletzung ausgeurteilt werden, liegen unterhalb der Hälfte des gesetzlichen Strafrahmens von bis zu zehn Jahren. Bei 80 Prozent (!) aller Verurteilungen wegen gefährlicher Körperverletzung kommt der Täter mit einer Bewährungsstrafe davon. Obwohl der Gesetzgeber vor mehr als 20 Jahren den Strafrahmen verdoppelt und damit die frühere Höchststrafe von fünf auf zehn Jahre angehoben hat, wird in weniger als 1 Prozent aller Fälle eine Freiheitsstrafe ausgesprochen, die über die frühere Höchststrafe von fünf Jahren hinausgeht. Auch hier gilt wieder einmal: Die deutschen Strafgesetze sind völlig ausreichend – man muss sie nur konsequent anwenden. Und genau an dieser konsequenten Anwendung des Gesetzes fehlt es bei den Straftaten der gefährlichen Körperverletzungen erstaunlich oft.

Die Landgerichte sind an Einfallsreichtum und Fantasie bei der Begründung, weshalb die Strafgewalt des Amtsgerichts von maximal vier Jahren im jeweiligen Fall ausreichend sei, kaum zu überbieten. So reichte ein Landgericht vor einigen Monaten eine Anklage an ein Amtsgericht weiter, in der einer Frau vorgeworfen wurde, sie habe versucht, ihren Ex-Freund mit dem Pkw zu überfahren, der sich mit einem Sprung zwischen zwei geparkte Autos in Sicherheit bringen konnte. Das Landgericht war der Ansicht, da die Angeklagte in einem niedrigen Gang gefahren sei, könne sie nicht schnell gefahren sein und bei einer geringen Geschwindigkeit entstünden keine schweren Verletzungen bei einem Anfahren oder Überfahren des Opfers. Im gleichen Jahr verhandelte ich eine fahrlässige Tötung, bei der ein Angeklagter versehentlich mit Schrittgeschwindigkeit rückwärts über einen hinter seinem Wagen liegenden Obdachlosen gefahren war. Der Obdachlose kannte die Auffassung des Landgerichts zu den harmlosen Verletzungsfolgen in niedrigem Gang und langsam fahrender Autos leider nicht, sodass er trotz der Schrittgeschwindigkeit des rückwärts über ihn fahrenden Pkw noch an der Unfallstelle verstarb.

Der lasche Umgang mit gefährlichen Körperverletzungen seitens der Landgerichte hat seinen Ursprung in der Zeit, als die gefährliche Körperverletzung noch ein sogenanntes Privatklagedelikt[9] war. Damals wurden viele Verfahren wegen gefährlicher Körperverletzung seitens der Staatsanwaltschaft nach der pragmatischen Sichtweise »Pack schlägt sich, Pack verträgt sich« eingestellt. Die Landgerichte waren seinerzeit mit einer gefährlichen Körperverletzung so gut wie nie befasst. Als dann seit dem Jahr 1998 die gefährliche Körperverletzung nicht mehr Privatklagedelikt war und deshalb seitens der Staatsanwaltschaft konsequent verfolgt wurde, waren viele Strafkammern mit der Bewertung dieser Art von Delikten gänzlich überfordert. Ein Verhalten, das vorher nicht oder so gut wie nie bestraft worden war, sollte nun vor den Strafkammern der Landgerichte abgeurteilt werden. Folge war, dass für viele gefährliche Körperverletzungen mit ganz erheblichen Verletzungsfolgen viel zu niedrige Strafen festgesetzt wurden. An diesen geringen Strafen orientierten sich die Richter in der Folgezeit, sodass sich die milde Rechtsprechung verfestigte. Mittlerweile traut sich kaum noch ein Landgericht, von dieser Linie abzuweichen. Es gilt die gefährliche Regel »Das war schon immer so«.

Tatsächlich beschränken die Landgerichte durch diesen gefährlich zurückhaltenden Umgang mit Messerstechern die Freiheitsstrafe regelmäßig auf dreifache Weise:

Erstens wird die Freiheitsstrafe, wenn die Anklage wegen einer gefährlichen Körperverletzung mittels Messers entweder bei dem Amtsgericht erhoben oder vom Landgericht durch Beschluss an das Amtsgericht abgegeben wird, auf maximal vier Jahre begrenzt.

Zweitens ermöglicht das Landgericht auf diese Weise die Einlegung der Berufung gegen das Urteil des Amtsgerichts. In nicht wenigen landgerichtlichen Berufungskammern hat sich eine Rabattrechtsprechung verfestigt. Das bedeutet, das amtsgerichtliche Urteil wird regelmäßig in der Berufung nochmals abgemildert, etwa mit der Begründung, dass infolge der Durchführung des Berufungsverfahrens schon sehr viel Zeit seit der Tat vergangen sei.[10] Ich komme im übernächsten Kapitel auf dieses ebenso große wie folgenschwere Problem noch einmal zurück.

Drittens setzt das Landgericht praktisch einen neuen Strafrahmen für die gefährliche Körperverletzung. Zur Erinnerung: Das Gesetz sieht für die gefährliche Körperverletzung eine Freiheitsstrafe von sechs Monaten bis zu zehn Jahren vor. Dieser Strafrahmen ist für das Amtsgericht maßgeblich – auch dann, wenn das Landgericht mit seinem Beschluss seine Auffassung zu erkennen gegeben hat, dass eine höhere Freiheitsstrafe als vier Jahre nicht in Betracht komme. Unterbewusst wird der Amtsrichter jedoch von einem Strafrahmen von sechs Monaten bis zu vier Jahren ausgehen und die Strafe irgendwo zwischen diesen beiden Werten festsetzen. Diesen unterbewussten Denkfehler nennt man den Ankereffekt.[11] Wann immer wir etwas schätzen müssen, sei es die Körpergröße unseres Nachbarn, den Kaufpreis eines Autos oder eine angemessene Freiheitsstrafe, nutzen wir Bezugspunkte, sogenannte Anker. Das Landgericht setzt durch seinen Beschluss bei dem zuständigen Richter des Amtsgerichts einen neuen Anker für die Höchststrafe der gefährlichen Körperverletzung von nur vier Jahren. Der Amtsrichter wird regelmäßig davor zurückschrecken, die vermeintliche »Höchststrafe« von vier Jahren auszusprechen und deutlich hinter dieser zurückbleiben.

Natürlich müssen sich die Staatsanwaltschaften den Vorwurf gefallen lassen, die Entscheidungen der Landgerichte regelmäßig untätig hinzunehmen. Sie könnten hiergegen ein Rechtsmittel einlegen und damit eine Überprüfung durch das jeweils zuständige Oberlandesgericht erwirken. Ein solches Vorgehen kann durchaus von Erfolg gekrönt sein, und das mit ganz erheblichen Folgen, wie im übernächsten Kapitel noch aufgezeigt werden wird. Stattdessen passen viele Staatsanwaltschaften aus Bequemlichkeit oder Resignation ihre Anklagepraxis der fragwürdigen Rechtsprechung der Landgerichte an, getreu dem Motto: »Wenn das Landgericht das Verfahren ohnehin an das Amtsgericht weiterreicht, kann man sich den Umweg auch sparen.«

Wir leben in Deutschland!

Es ist der dritte Hauptverhandlungstag in dem Verfahren gegen den Angeklagten Ali L. Und bisher geht die Strategie des erfahrenen Verteidigers von Ali L. auf: Der Angeklagte schweigt zu dem Tatvorwurf und bringt damit den Vertreter der Anklage zum Schwitzen. Ja, es gibt Fotos von blutverschmierter Kleidung des Tatopfers. Ja, es gibt den Bericht des Notarztes. Und ja, es gibt ein Vernehmungsprotokoll, das die Polizei noch im Krankenhaus mit dem Tatop-

fer aufgenommen hat. Das alles wird jedoch nicht ausreichen, um Ali. L. der gefährlichen Körperverletzung zu überführen. Denn ein wichtiges Beweismittel fehlt bisher: das Tatopfer. Der einzige Zeuge der Tat, Hamid D., das Opfer des Messerangriffs, ist zu den beiden ersten Verhandlungstagen nicht erschienen. Trotz Ladung. Auch der Versuch, ihn mithilfe der örtlichen Polizei vorzuführen, scheiterte. »Verreist« heißt es im Polizeibericht. »Vermutlich nach Marokko – laut Aussage eines Nachbarn.« Wann Hamid D. nach Deutschland zurückkehren wird? Dazu hat die Polizei keine Informationen. Möglicherweise muss die Hauptverhandlung ausgesetzt werden. Doch dann wird das Oberlandesgericht möglicherweise den Haftbefehl gegen Ali L. aufheben und der verschwindet auf Nimmerwiedersehen. Als sich bereits alle darauf eingestellt haben, dass der Prozess platzt, erreicht mich wenige Tage vor dem letzten Verhandlungstag der Anruf eines Polizeibeamten. Hamid D. habe sich bei ihm per Handy gemeldet. Er ist noch in Marokko. Aber der Rückflug sei gebucht. Er werde pünktlich zum letzten Verhandlungstag erscheinen.

Jetzt ist es Donnerstag, 9.20 Uhr. Der Schöffengerichtssaal des kleinen Amtsgerichts füllt sich allmählich. Staatsanwalt und Verteidiger haben bereits auf ihren Bänken Platz genommen. Zwei Justizwachtmeister führen den Anklagen Ali L. in Handfesseln herein. Er setzt sich zwischen seinen Rechtsanwalt und die Dolmetscherin. Dann erfolgt der Aufruf zur Sache. Die Schöffen und ich betreten den Sitzungssaal durch die kleine Tür, die zum Beratungszimmer führt, und die Anwesenden erheben sich respektvoll. Nachdem wir unsere Plätze eingenommen haben, blicke ich in die Runde: Der Zeuge Hamid D. ist nicht da. »Mist« fluche ich in Gedanken. Plötzlich klopft es an der Saaltür und sie öffnet sich langsam, nur einen Spalt weit. Ein Mann mit freundlichem Gesicht steckt vorsichtig den Kopf herein.

»Herr Hamid D.?«, frage ich.

Er nickt.

»Bitte! Kommen Sie herein und nehmen Sie dort Platz!«

Behutsam betritt Hamid D. den Saal und geht bis zur Mitte des Raumes, wo sich der Zeugenstand befindet. Ich nicke der Dolmetscherin zu. Sie versteht und wendet sich an den Zeugen. Auf Arabisch fordert sie ihn auf, im Zeugenstand Platz zu nehmen. Hamid D. folgt ihrer Anweisung, setzt sich und erwidert etwas auf Arabisch, das die Dolmetscherin zum Lachen bringt. Ich schaue sie fragend an.

»Herr Hamid D. hat gesagt, es sei sehr freundlich, dass ich für ihn übersetze, er verstehe die deutsche Sprache allerdings sehr gut!«

Ich schmunzele. »Umso besser! Vielen Dank, dass Sie erschienen sind!«

»Gern, Herr Richter! Ich bitte um Entschuldigung, dass ich bei den ersten beiden Terminen nicht da war. Ich habe erst durch einen Anruf meines Nachbarn davon erfahren. Ich befand mich seit einigen Wochen in Marokko bei meiner Familie.«

Nachdem ich Hamid D. über seine Pflichten als Zeuge belehrt habe, berichtet er von seinem Verhältnis zu Ali L., wie er ihm geholfen und ihm Geld geliehen hat und wie er das Fahrrad ablehnte, das ihm der Angeklagte anstelle des Geldes überlassen wollte.

»Es kam mir nicht ganz sauber vor. Ich wusste nicht, ob es vielleicht gestohlen ist.«

Dann berichtet Hamid. D. von dem Treffen im Supermarkt.

»… und dann war er wütend, weil ich ihn in Gegenwart seiner Frau auf die 50 Euro angesprochen habe. Das darf man in unse-

rer Kultur nicht. Einen Mann in Gegenwart seiner Frau auf Geldschulden ansprechen.« Nach einem Moment fügt Hamid D. hinzu. »Aber ich dachte: Wir leben ja jetzt in Deutschland.«

Ali L. steht hinter der Anklagebank und blickt ruhig und gefasst zum Richtertisch, während er auf die Übersetzung der Dolmetscherin wartet. Nach dem Schluss der Beweisaufnahme und den Plädoyers von Staatsanwalt und Verteidiger hat das Schöffengericht nur eine knappe halbe Stunde benötigt, um eine Entscheidung zu treffen.

»Im Namen des Volkes ergeht folgendes Urteil: Der Angeklagte wird wegen gefährlicher Körperverletzung und wegen Diebstahl zu einer Gesamtfreiheitsstrafe von vier Jahren verurteilt.«

Ich spreche langsam, um der Dolmetscherin ausreichend Zeit zu geben, dem Angeklagten das Urteil zu übersetzen. Ich erkläre, welche Umstände das Gericht zugunsten und zulasten des Angeklagten gewertet hat. Und ich erkläre, dass nach unserer Auffassung eine deutlich höhere Freiheitsstrafe als vier Jahre angemessen wäre, dem Amtsgericht aber infolge der zweifelhaften Entscheidung des Landgerichts die Hände gebunden sind. Schweigend hört der Angeklagte Ali L. zu. Schließlich nickt er. Einige Tage später erfahre ich, dass Ali L. auf eine Berufung verzichtet und das Urteil akzeptiert.

Ja, Deutschland hat ein Problem mit Messermännern. Ja, der Anteil Nichtdeutscher ist auf Täter- wie Opferseite auffällig hoch. Und ja, die Justiz geht mit diesen Straftaten nicht angemessen um. Die Landgerichte drücken sich vor ihrer Pflicht gegenüber dem Bürger und schieben die Arbeit regelmäßig an die Amtsgerichte weiter, wodurch der Strafrahmen entgegen dem Willen des Gesetzgebers auf maximal vier Jahre Freiheitsstrafe beschränkt wird. Die meisten Staatsanwaltschaften haben mittlerweile resigniert und sich mit den unverantwortlichen Entscheidungen der Landgerichte abgefunden.

Wie kann dieser gefährlichen Nachlässigkeit der Justiz im Umgang mit Messerangriffen begegnet werden? Sehr einfach und ohne jede Gesetzesänderung, nämlich durch die Justizminister der Bundesländer. Diesen steht gemäß der §§ 146, 147 Gerichtverfassungsgesetz ein Weisungsrecht gegenüber den ihnen nachgeordneten Staatsanwaltschaften zu. Das bedeutet, die Justizminister können die Staatsanwälte des jeweiligen Bundeslandes anweisen, bestimmte Straftaten ausnahmslos zu den Landgerichten anzuklagen, etwa solche gefährlichen Körperverletzungen, bei denen ein Messer als Tatmittel verwendet wird. Und die Justizminister können ebenfalls die Weisung erteilen, gegen die typischen Abgabebeschlüsse der Landgerichte konsequent Beschwerde zu den Oberlandesgerichten einzulegen. Da die bisherige Entscheidungspraxis der Landgerichte nahezu ausschließlich auf einer Bequemlichkeit der Strafkammern beruht, ist abzusehen, dass sich diese ändern wird, sobald deutschlandweit die Oberlandesgerichte auf die Beschwerden der Staatsanwaltschaften hin die entsprechenden Messer-Verfahren bei den Landgerichten belassen. Dass die Oberlandesgerichte durchaus bereit sind, derartige Entscheidungen zum Nachteil der Landgerichte zu treffen, wird im übernächsten Kapitel sehr deutlich.

Der nachlässige Umgang der Justiz mit den Messerangriffen ist daher ein Problem, das ebenso einfach wie unverzüglich lösbar ist. Es erfordert nur eine einfache Weisung. Und den Willen des Justizministers, das Problem in Angriff zu nehmen.

So bleibt abschließend nur noch die Frage zu beantworten: Wie heißen die Messermänner? Ich möchte ganz offen sein: Wie Messermänner heißen, wo sie herkommen, welche Religion sie haben, welche Schuhgröße … es interessiert mich als Strafrichter herzlich wenig. Das Gesetz unterscheidet weder nach Geschlecht noch nach der Farbe der Haut oder der Religion und auch nicht nach dem Vor- oder Nachnamen. Ein Messerstecher bleibt ein Messerstecher. Oder, um es mit den messerscharfen Worten des großartigen Kabarettisten Volker Pispers zu sagen: »Ein Arschloch ist ein Arschloch. Fertig. Aus.«

Kapitel 2
Kein Freund, dein Helfer?

§ 114 Strafgesetzbuch

–

Tätlicher Angriff auf Vollstreckungsbeamte

Es ist Montagmorgen

»Die werden so schnell groß oder?«, brummt der Vater einer Klassenkameradin meiner Tochter. Ich nicke nur und sehe zu, wie meine Große mit ihren langen, staksigen Beinen und dem blauen Ranzen auf dem Rücken in einer Gruppe Viertklässler verschwindet. Mein Smartphone summt, eine Nachricht von meiner Geschäftsstelle: Anwalt in der ersten Sache kommt später. Es ist Montagmorgen, 7.59 Uhr. Ich bin auf dem Weg ins Gericht. Normalerweise höre ich auf der Autofahrt ein Hörbuch, aber seit einigen Tagen macht mein Bluetooth Probleme. Dann also Radio. Die Nachrichten beginnen

gerade. Ich höre nur mit einem halben Ohr zu, in Gedanken bin ich bereits im Gerichtssaal und gehe die einzelnen Termine durch: erst ein Diebstahl, der Anwalt verspätet sich, dann eine Körperverletzung, ein Zeuge hat ein Coronaattest eingereicht, ein tätlicher Angriff auf …

»… wurden beide Polizeibeamten tödlich verwundet.«

Ich drehe den Lautstärkeregler auf.

»Die junge Beamtin hatte anscheinend nicht einmal die Gelegenheit, ihre Dienstwaffe aus dem Holster zu ziehen. Ihr Kollege konnte noch Gegenwehr leisten und wurde wenige Augenblicke später erschossen.«

Eine scheinbar routinemäßige Kontrolle, ein Fahrzeug steht in einer Haltebucht, eine Panne vielleicht. Dann entdecken die beiden Beamten auf der Ladefläche erlegtes Wild. Sekunden später wird auf sie gefeuert. Die junge Polizistin ist erst 24 Jahre alt. Ihr Kollege wurde nur fünf Jahre älter.

Es ist Montagmorgen, der 31. Januar 2022.

84 831. So viele Polizeivollzugsbeamte wurden im Jahr 2020 Opfer von Gewalttaten. Das sind 232 Männer und Frauen an jedem einzelnen Tag! Ein Anstieg von über 5,9 Prozent gegenüber dem Vorjahr.[12] Von 2013 bis 2020 stieg die Anzahl der Polizisten, die Opfer einer Gewalttat wurden, durchgehend an, von 58 000 auf mehr als 84 000 Fälle, ein Zuwachs von mehr als 40 Prozent.[13] Die höchsten Belastungen bei der Häufigkeit der registrierten Gewalttaten gegen Polizeibeamte weisen seit 2018 die Bundesländer Berlin, Hamburg und Bremen auf, die meisten Körperverletzungsdelikte gegenüber Polizisten finden in den bevölkerungsstarken Bundesländern Bayern, Nordrhein-Westfa-

len und Baden-Württemberg statt. Auffällig ist der Anteil nichtdeutscher Tatverdächtiger an Gewalttaten, bei denen Polizeivollzugsbeamte Opfer werden. Dieser betrug in den Jahren 2019 und 2020 jeweils etwa 30 Prozent.[14] In der Regel sind die Täter bereits polizeibekannt und stehen bei der Tat häufig unter Alkoholeinfluss.

Diese Zahlen lassen erkennen: Angriffe auf Polizeibeamten sind keine bedauerlichen Ausnahmefälle, sie sind zum Alltag in Deutschland geworden und verdeutlichen ein gesamtgesellschaftliches Problem, dem konsequent und ohne zu zögern begegnet werden muss. Auch in diesen Fällen kommt den Gerichten eine wichtige Aufgabe zu, der sie kaum gerecht werden …

Nur ein Kratzer

Ein lauter Piepton verrät Thomas D., dass sein Abendessen fertig ist. Vorsichtig nimmt er den Teller mit der aufgewärmten Lasagne aus der Mikrowelle und trägt ihn in das Wohnzimmer. Dann setzt er sich mit einem zufriedenen Seufzer auf die Couch und schaltet den Fernseher an. Das Fußballspiel beginnt in wenigen Minuten.

»Mach die Tür auf, du Schlampe.« Thomas blickt in Richtung des gekippten Fensters und runzelt die Stirn. »Du sollst die Scheißtür aufmachen!« Thomas wartet einen Augenblick, doch es bleibt ruhig. Er zuckt mit den Schultern und wendet sich wieder dem dampfenden Teller zu. »Schlampe! Mach die Tür auf!« Mit einem Brummen lässt Thomas die Gabel fallen und geht zum Fenster. Seine Wohnung liegt im zweiten Stock. Er blickt hinunter auf den

Bürgersteig und sieht einen Mann, Anfang 30, dessen Blick offensichtlich auf das Stockwerk über seiner Wohnung gerichtet ist. Dort wohnt seine Nachbarin Katrin S.

»Du verfickte Hure! Mach die Tür auf!«, schreit der Mann und fuchtelt wild mit den Armen umher.

Thomas D. öffnet das Fenster.

»Verschwinden Sie! Sonst rufe ich die Polizei!«

Anstelle einer Antwort hebt der Mann einen Stein von der Größe einer Kinderfaust auf und schleudert ihn in Richtung des Fensters. Der Stein verfehlt Thomas D. jedoch um fast zwei Meter und schlägt krachend gegen ein Küchenfenster im ersten Stock. Nur etwa 30 Sekunden später hält ein Streifenwagen vor der Tür und zwei Polizeibeamte steigen aus. Katrin S. hat aus Angst vor ihrem Ex-Freund den Notruf gewählt. Ein Einsatzfahrzeug war zufällig nur ein paar Straßen entfernt.

»Verpisst euch, ihr Wichser!«, schreit der Mann ihnen entgegen, noch bevor die Beamten etwas sagen können. Mit gehobenem Kinn und nach vorn gestreckter Brust geht er auf sie zu. »Na, was wollt ihr?«

»Bleiben Sie stehen!« Die Aufforderung des älteren Uniformierten ist laut und deutlich. Man merkt ihm die Erfahrung mit derartigen Situationen an.

Und tatsächlich zögert der aufgebrachte Mann, wird langsamer, geht aber dennoch weiter auf die Beamten zu. Der ältere Polizist verschafft sich einen sicheren Stand und wiederholt seine Worte. »Bleiben Sie stehen!«

»Was willst du Hurensohn?«, antwortet ihm der Mann, hebt die rechte Faust und schlägt in Richtung des Polizeibeamten. Der ist jedoch auf den Angriff vorbereitet. Gekonnt weicht er dem Schlag

aus, nutzt den Schwung des Mannes und bringt ihn routiniert zu Fall. Den Bruchteil einer Sekunde später ist auch sein Kollege zur Stelle. Beide Beamte fixieren den Mann am Boden und legen ihm Handschellen an. »Ihr Wichser, ich bring euch um, ich schneide euch die Kehle durch. Hurensöhne!«

Merlin K. ist 31 Jahre alt und mehrfach wegen Körperverletzungsdelikten vorbestraft. Auch eine Verurteilung wegen Widerstand gegen Vollstreckungsbeamte findet sich in seinem Strafregister. Die letzten fünf Monate befand er sich in Untersuchungshaft in der örtlichen Justizvollzugsanstalt. Nun sitzt er vier Meter von mir entfernt mit der in dieser Zeit üblichen Maske neben seinem Verteidiger auf der Anklagebank. Merlin K. hat sich auf Anraten seines Verteidigers entschieden, ein umfassendes Geständnis abzulegen. Sein Rechtsanwalt weiß, dass dies die letzte Chance ist, damit sein Mandant mit einem blauen Auge davonkommt. Denn bei seiner letzten Tat stand er unter offener Bewährung.

»Es war alles genauso, wie es der Herr Staatsanwalt gerade gesagt hat«, erklärt Merlin K., nachdem die Anklage verlesen worden ist und ich ihn über seine Rechte belehrt habe. »Ich möchte mich gern bei den Polizisten entschuldigen, wenn Sie erlauben, Herr Richter.«

Die Gelegenheit möchte ich dem Angeklagten gern geben, habe aber vorher noch eine Frage an einen der beiden Beamten.

»Ich habe im Bericht gelesen, dass Sie leicht verletzt worden sind.«

Der ältere Polizist winkt ab. »Kleinigkeit. Er hat versucht, sich loszureißen, als wir ihn in den Streifenwagen setzen wollten. Da bin ich an dem Reißverschluss seiner Jacke hängen geblieben. Nur ein Kratzer. Sein Schlag hat mich nicht einmal gestreift.«

Beide Polizisten akzeptieren die Entschuldigung von Merlin K.

Merlin K. wird wegen tätlichen Angriffs auf Vollstreckungsbeamte, in Tateinheit mit versuchter Körperverletzung, Beleidigung und Bedrohung zu einer Freiheitsstrafe von zehn Monaten mit Bewährung verurteilt. Als Bewährungsauflage muss er eine Summe von 500 Euro an eine gemeinnützige Einrichtung zahlen und 60 Sozialstunden ableisten.

Tätlicher Angriff auf Vollstreckungsbeamte. Diesen Straftatbestand, der eine Freiheitsstrafe von drei Monaten bis zu fünf Jahren vorsieht, hat der Gesetzgeber im Jahr 2017 geschaffen, um vor allem den Schutz von Polizeibeamten gegenüber der wachsenden Aggressivität zu verstärken. Bei der Anwendung ist die Rechtsprechung jedoch auffällig zurückhaltend:

Im Jahr 2020 wurden insgesamt 4832 Personen wegen tätlichen Angriffs auf Vollstreckungsbeamte verurteilt. Eine Freiheitsstrafe wurde jedoch in nur 1945 Fällen ausgesprochen,[15] in 2887 Fällen, das sind annähernd 60 Prozent, verhängte das Gericht lediglich eine Geldstrafe.[16] Angesichts der gesetzlichen Mindestfreiheitsstrafe von drei Monaten ein bemerkenswertes Ergebnis. Ursächlich hierfür ist zum einen die Bereitschaft vieler Richter, bei den häufig alkoholisierten Tätern auf eine verminderte Schuldfähigkeit zu schließen und deshalb vorschnell von der Möglichkeit Gebrauch zu machen, die Mindeststrafe zu mildern. Zum anderen wird in vielen Fällen die Verhängung einer Freiheitsstrafe als nicht erforderlich angesehen. Das Strafgesetzbuch eröffnet in § 47 die Möglichkeit, eine Geldstrafe auch dann zu verhängen, wenn das Gesetz zwar eine Freiheitsstrafe androht, eine Freiheitsstrafe von sechs Monaten oder darüber jedoch im konkreten Fall nicht in Betracht kommt. Dann darf das Gericht eine Geldstrafe verhängen, es sei denn, besondere Umstände *»in der Tat oder der Persönlichkeit des Täters«* machen eine Freiheitsstrafe *»zur Einwirkung auf den Täter oder zur Verteidigung der Rechtsordnung unerlässlich«*. Dass dies bei tätlichen Angriffen auf Vollstreckungsbeamte in mehr als der Hälfte der Fälle nicht der Fall sein soll, erscheint jedenfalls merkwürdig. Möglicherweise spielt in diese zurückhaltende Rechtsprechung der auch von einigen Richtern geäußerte Gedanke mit hinein, Polizisten verdienten keinen Sonderschutz, weil sie ausgebildet und ausgestattet seien, um sich gegen Übergriffe zu verteidigen. Dieser Gedanke überzeugt wenig: Zwar erhalten Polizeibeamte eine Ausbildung und die Ausstattung, um sich gegen Übergriffe zu verteidigen, sie stehen diesen aber auch ganz anders gegenüber. Denn sie dürfen gerade nicht bei einer Gefahr für ihr eigenes Leben wie jeder andere den Rückzug antreten, sondern müssen auch bei ganz erheblichen Risiken auf ihrem Posten bleiben, und das, ohne bei einer überstürzten Gegenwehr mit Milde von den Gerichten rechnen zu können.[17]

Opfer oder Täter?

Meine Brillengläser sind beschlagen. Auch im zweiten Jahr der Maskenpflicht gelingt es mir immer noch nicht, den Mundschutz so anzulegen, dass ich nicht nach wenigen Sekunden den Eindruck habe, im Nebel zu stehen. Kaum bin ich auf dem Parkplatz des Supermarktes angekommen, ziehe ich deshalb die Maske ab und stopfe sie unsanft in die Manteltasche.

»Guten Tag, Herr Schleif!«

Ich drehe mich um. Der Mann neben dem Kleinwagen ist etwa so groß und schwer wie ich, allerdings gut 15 Jahre jünger. Irgendwie kommt er mir bekannt vor. Ich erwidere seinen Gruß und füge hinzu: »Helfen Sie meinem Gedächtnis bitte. Woher …?«

»Im vergangenen Monat war ich bei Ihnen als Zeuge«, erklärt er freundlich. »Erinnern Sie sich? Der Angriff auf meinen Kollegen?«

Natürlich! Der zweite Polizeibeamte bei dem Einsatz gegen Merlin K., zu dessen Vernehmung es nach dem Geständnis des Angeklagten nicht mehr gekommen war.

»Ach ja! Entschuldigung, ohne Uniform habe ich Sie nicht erkannt.«

»Das ist manchmal von Vorteil!«, lacht der Polizeibeamte. »Ich wollte Danke sagen.«

»Mir? Wofür?«

»Dafür, dass Sie eine Freiheitsstrafe ausgesprochen haben.«

»Nicht mein Verdienst«, lache ich. »Das steht so im Gesetz.«

Der Polizeibeamte grinst: »Dann müssen Ihre Kollegen ein anderes Gesetz haben.«

Dann berichtet er von Fällen, in denen er und seine Kollegen bei Einsätzen ganz massiv angegriffen wurden und die Täter vor Gericht mit einem blauen Auge davonkamen. Erst vor wenigen Tagen hatte er in einem benachbarten Gerichtsbezirk als Zeuge ausgesagt.

»Ihr Richterkollege meinte: ›Sie hätten sich doch deeskalierend verhalten müssen! Dann wäre auch nichts passiert.‹ Meine Kollegin hatte durch einen Faustschlag einen Cut an der Augenbraue, der genäht werden musste. Ihr warf er vor, sie habe doch gelernt, wie man

einen solchen Schlag abblockt. Wenn sie dies nicht tue, sei es ›ihre eigene Schuld‹, wenn sie verletzt werde.« Der Polizeibeamte atmet einmal tief durch. Dann fügt er leise hinzu: »Sie können sich gar nicht vorstellen, wie schwer solche Richter unseren Job machen.«

Seit dem Erscheinen meines ersten Buches im Oktober 2019 habe ich viele Zuschriften von Polizeibeamten erhalten, die ähnliche Erfahrungen mit meinen Kollegen gemacht haben, wie der junge Beamte. Ob und inwieweit die beschriebene, auffällig zurückhaltende Rechtsprechung den Beruf des Polizeibeamten erschwert, vermag ich nicht zu beurteilen. Leichter macht sie ihn jedoch auf keinen Fall. Denn sie birgt die große Gefahr, dass die Täter durch unbegründet niedrige Strafen und den offen geäußerten Vorwurf, der Polizeibeamte habe den Angriff selbst verschuldet, in ihrem Verhalten bestärkt werden. Dabei möchte ich meinen Kollegen keine böse Absicht unterstellen, sondern eine auf einem Mangel an Lebenserfahrung beruhende Inkompetenz, die oftmals wie Böswilligkeit wirken kann. Meines Erachtens wäre ein Pflichtpraktikum im Rahmen der Richterausbildung ein dringend notwendiger Schritt, um wenigstens ein Grundverständnis für jene Situationen zu schaffen, denen ein Polizist tagtäglich gegenübersteht. Ein derartiges Verständnis für den Alltag eines Polizeibeamten scheint insbesondere in bestimmten Bildungsschichten, zu denen durchaus auch Richter gehören können, nicht gegeben zu sein. In Extremfällen spiegelt sich das in einigen erschreckenden Kommentaren wider, wie sie in den sozialen Medien nach der Ermordung der beiden jungen Polizisten am 31. Januar 2022 auftauchten. Vor allem ein Satz wiederholte sich, in dem erklärt wurde, nun gebe es zwei Menschen weniger, um friedliche Bürger an ihren Versammlungen zu hindern. Es ist völlig gleich, ob dieser Satz von linken Spinnern stammt, von rechten Spinnern oder einfach nur von Spinnern. Er zeigt nicht nur ein gestörtes Menschenbild, sondern vor allem ein gestörtes Bild von Polizeibeamten. In der Tat sehe auch ich zwei Menschen weniger. Zwei Menschen, die fehlen. Die fehlen, um eine Unfallstelle zu sichern und den Verletzten Erste Hilfe zu leisten. Zwei Menschen, die fehlen, um einer Frau zu helfen, die von ihrem Ex-Freund verprügelt wird oder ihrem Ehemann. Die fehlen, um einen Schulweg zu sichern, damit unsere Kinder jeden Morgen wohlbehalten zu ihrem Unterricht kommen, und um ihnen beizubringen, sich im Straßenverkehr umsichtig zu verhalten. Und zwei Menschen, die fehlen, um friedliche Demonstrationen zu schützen, die von Klimaaktivisten ebenso wie die von Linken und die von Rechten. Denn all das und noch viel mehr leisten unsere Polizeibeamten. Sie schützen, sie sichern, sie helfen. Und sie verteidigen unsere Freiheit und unseren Rechtsstaat an der vordersten Linie. Jeden Tag. Deshalb richtet sich der letzte Satz in diesem Kapitel an jeden unserer Polizeibeamten:

Haben Sie vielen Dank!

Kapitel 3
Ihr lieben Kinderlein

§ 176 Strafgesetzbuch

–

Sexueller Missbrauch von Kindern

Komm mit!

Das Mädchen ist gerade 14 Jahre alt. Sie lebt mit ihren Eltern in einer kleinen Wohnung. Und ihren vier Geschwistern. Sie ist die Mittlere.

»Komm mit!«

Der Mann befiehlt und das Mädchen folgt ihm in das Kinderzimmer. Ein paar Spielsachen liegen auf dem Teppichboden, die Puppen ihrer kleinen Schwester, ein Teddybär. Und die alte dünne Matratze mit den weißen Flecken. Die liegt immer da, wenn es wieder so weit ist. Der Mann schließt die Tür und starrt das Mädchen an.

»Zieh dich aus!«

Das Kind zuckt zusammen, schüttelt den Kopf. Kurzentschlossen tritt der Mann auf sie zu. Grob zerrt er an ihrem dünnen Pullover, ihrer Jeans, der Unterwäsche und wirft die Sachen auf den Boden. Dann zieht er seine Hose aus. Und die Unterhose.

»Leg dich hin!«

Das Mädchen gehorcht. Der Mann legt sich auf sie, drückt ihre dünnen Beine auseinander und versucht, in sie einzudringen. Das Kind wehrt sich, will ihn wegdrücken, doch der Mann ist groß und schwer. Ein ungleicher Kampf, den es schnell verlieren wird. Es tut weh. Und es ist nicht das erste Mal. Wie oft es schon passiert ist? Sie weiß es nicht mehr. Oft. Immer wenn ihre Mutter mit ihren Geschwistern auf den Spielplatz geht. Oder zum Einkaufen. Angeklagt werden viele Jahre später 175 Taten. Einhundertfünfundsiebzig. Und drei Mal wird das Mädchen schwanger. Von ihrem eigenen Vater. Einem Vater, der sie über einen Zeitraum von acht Jahren sexuell missbrauchen und vergewaltigen wird. Sie zwingen wird, die auf diese Weise gezeugten Kinder auszutragen und über sämtliche Verbrechen zu schweigen – oder zu lügen. Und das Mädchen wird lügen. Aus Angst. Nicht aus Angst um sich selbst, aber aus Sorge um die kleine Schwester. Sie will nicht, dass ihr dasselbe zustößt.

Im Juni 2020 beherrschte ein Missbrauchsfall die deutsche Medienlandschaft. Ein damals 27-jähriger Mann aus Münster wurde verdächtigt, den Sohn seiner Lebensgefährtin immer wieder sexuell missbraucht und ihn anderen Männern zur Verfügung gestellt zu haben. Einige der abscheulichen Verbrechen nahmen die Täter auf Video auf. Im Rahmen der Ermittlungen wurden aus einem Tatkomplex viele. Männer aus verschiedenen Bundesländern wurden festgenommen und vor Gericht gestellt. Die einzelnen Taten müssen besonders brutal und grausam gewesen sein. Die für die Bearbeitung von Kindesmissbrauchsfällen zuständigen Ermittler haben starke Nerven und noch stärkere Mägen. Trotzdem brachten sie die Bilder und Videoaufnahmen, die sie während der Ermittlungen sichten mussten, an ihre Grenzen. Der leitende Ermittler wurde mit den Worten zitiert »Das weckt in einem Wut und Hass für diese Menschen – wenn man sie überhaupt Menschen nennen darf.«[18]

Dieser Fall, der die Medien über eine lange Zeit beschäftigte, machte der Bevölkerung bewusst, wie groß und wie nah das Problem des sexuellen Missbrauchs von Kindern ist. Die abscheulichen Verbrechen geschahen nicht in einem anderen Land. Sie wurden nicht von Sextouristen begangen, die dafür eine lange Reise unternehmen müssen. Sie ereigneten sich hier, in unserer Nachbarschaft. Und sie waren, wenn auch besonders brutal und grausam, nur einige von vielen Tausend Taten.

Im sonst kriminalstatistisch eher ruhigen Coronajahr 2020 nahm der sexuelle Missbrauch von Kindern im Vergleich zum Vorjahr um 6,8 Prozent zu, die Fallzahl stieg von 13 670 auf 14 594 an.[19] Um diese beiden großen Zahlen etwas anschaulicher zu machen: Im Jahr 2019 wurden jeden Tag in der Bundesrepublik Deutschland 37 Kinder Opfer eines sexuellen Missbrauchs. Im Jahr 2020 waren es bereits 40 Kinder. An jedem einzelnen Tag! Und das, obwohl infolge der Schul- und Kitaschließungen im Rahmen der Coronamaßnahmen die Möglichkeiten einer Entdeckung der Taten erheblich reduziert waren.

Als Folge der umfangreichen Berichterstattung zu den Verbrechen um den Münsteraner Täter begann eine politische Debatte, an deren Ende ein Gesetzesentwurf stand, mit dem höhere Strafen bei sexuellem Missbrauch von Kindern ermöglicht werden sollen. Es ist verständlich, dass derartige Ereignisse, die durch die Medien völlig zu Recht eine breite Aufmerksamkeit erfahren, den Ruf nach härteren Gesetzen lauter werden lassen. Die Gefühle der Angst und der verständlichen Wut schreien nach einer schnellen Entscheidung, einer raschen Lösung, einem sofortigen Handeln. Nichts scheint näherliegend, als die Strafgesetze zu verschärfen, um endlich hohe Freiheitsstrafen gegen die Täter zu ermöglichen. Doch sind die »laschen« deutschen Strafgesetze tatsächlich der Grund für die geringen Strafen, die Kinderschänder immer wieder erhalten?

Ist doch nicht so schlimm

»Was ist dir denn über die Leber gelaufen?«

Mit der roten Strafakte in der Hand reiße ich die Tür meiner Strafgeschäftsstelle auf.

»Hast du diesen Mist hier gesehen? Sind die eigentlich alle verrückt geworden?«

Sabine, die die neuen Verfahren für das Schöffengericht einträgt und die Akten oft noch besser kennt als ich, nickt und deutet auf die Akte in meiner Hand.

»Die Missbrauchsgeschichte. Unglaublich. Warum hat das Landgericht uns diese Sache verwiesen?«

»Weil die der Ansicht sind, der Angeklagte hätte keine höhere Freiheitsstrafe als vier Jahre verdient. Ich habe manchmal den Eindruck …«

In diesem Moment klopft es an der Bürotür. Oberamtsanwältin Garcia kommt herein.

»Hallo! Wie geht es euch?«, grüßt sie in die Runde. Als sie meinen noch immer hochroten Kopf sieht, fügt sie fragend hinzu: »Was ist dir denn über die Leber gelaufen?«

»Eine Strafkammer des Landgerichts …«, antworte ich und berichte kurz über den Inhalt der Akte in meiner Hand: Angeklagt ist ein sexueller Missbrauch Schutzbefohlener. Nun, nicht ein sexueller Missbrauch. Auch nicht zwei oder drei. Es sind einhundertfünfundsiebzig. Einhundertfünfundsiebzig Fälle, in denen ein Vater seine Tochter über einen Zeitraum von mehr als acht Jahren sexuell missbraucht hat. Auf diese Weise zeugte er drei Kinder mit ihr. Erstmals wurde sie im Alter von 14 Jahren schwanger. Sämtliche Kinder weisen teilweise erhebliche Entwicklungsverzögerungen auf. Doch das Landgericht vertritt die Auffassung, dass für diese einhundertfünfundsiebzig Taten eine Freiheitsstrafe von maximal vier Jahren ausreichend ist. Die über viele Jahre missbrauchte und vergewaltigte Tochter wird schon keine psychischen Folgen erlitten haben, befinden die Landrichter – ohne die junge Frau je gesehen zu haben. Und deshalb reichen sie die Akte an das Amtsgericht weiter. Oberamtsanwältin Garcia hört schweigend zu und schüttelt ein paar Mal entgeistert den Kopf.

»Ich habe jetzt einen Vermerk in die Akte geschrieben und mit der Staatsanwältin telefoniert, die die Anklage verfasst hat«, erkläre ich, nachdem ich meinen Bericht beendet habe. »Sie will sich doch

noch einmal überlegen, ob sie gegen den Beschluss Beschwerde zum Oberlandesgericht einlegt. Die Frist läuft allerdings morgen ab. Ich muss die Akte schnellstens zur Staatsanwaltschaft bekommen. Sabine ruf doch bitte den Botendienst an!«

»Nicht nötig«, schaltet sich Oberamtsanwältin Garcia ein. »Ich wollte eigentlich jetzt nach Hause fahren. Aber für diese Sache … Gib mir die Akte mit. Ich werde sie der Kollegin noch heute persönlich auf den Schreibtisch legen. Verlass dich drauf!«

Am folgenden Tag informiert mich die Staatsanwältin, dass sie eine Beschwerde gegen die Entscheidung des Landgerichts zum Oberlandesgericht eingereicht hat. Sie klingt nicht sehr zuversichtlich. Ich kenne diesen Tonfall, eine Mischung aus Resignation, Wut und Verbitterung über zu viele schlechte Entscheidungen des Landgerichts. Viele Staatsanwälte haben längst aufgegeben, sich gegen die Entscheidungen zur Wehr zu setzen. »Es führt doch eh zu nichts«, ist die Auffassung. Und die ist ebenso weitverbreitet wie weit gefehlt. Denn einige Tage später erreicht mich die Nachricht, dass das Oberlandesgericht der Beschwerde der Staatsanwaltschaft stattgegeben hat. Nicht nur das. Das Oberlandesgericht hat das Verfahren bei einer anderen Kammer des Landgerichts eröffnet. Der ursprünglich zuständigen Kammer traut es eine ordnungsgemäße Bearbeitung des Falls nicht zu. Mit deutlichen Worten weist das Oberlandesgericht darauf hin, dass im vorliegenden Fall die Strafobergrenze der zu bildenden Gesamtstrafe bei 15 Jahren liege. Der Angeklagte habe eine Freiheitsstrafe zu erwarten, die deutlich über der Mitte des eröffneten Strafrahmens liege. Das bedeutet, das Minimum dessen, was das Oberlandesgericht als angemessene Strafe erachtet, ist bereits das Doppelte der Strafe, die das Amtsgericht maximal aussprechen dürfte.

Bereits vor der Gesetzesänderung im Jahr 2021 eröffnete das Gesetz für die Straftaten gegen die sexuelle Selbstbestimmung nicht unerhebliche Strafrahmen. Der sexuelle Missbrauch von Kindern wurde gemäß § 176 des Strafgesetzbuchs (in der alten Fassung) mit einer Freiheitsstrafe von sechs Monaten bis zu zehn Jahren geahndet, in besonders schweren Fällen mit einer Freiheitsstrafe von nicht unter einem Jahr. Auch dann, wenn es zu keinem unmittelbaren Körperkontakt kam, war der Strafrahmen auf eine Freiheitsstrafe von drei Monaten bis zu fünf Jahren festgesetzt. Das Strafgesetzbuch ermöglichte also schon vor der Gesetzesänderung im Jahr 2021 durchaus empfindliche Freiheitsstrafen bei derart abscheulichen Verbrechen. Ein Blick in die entsprechende Aufstellung des Statistischen Bundesamtes zeigt jedoch, dass die Gerichte diesen Strafrahmen praktisch nicht genutzt haben:[20]

- Im Jahr 2019 erfolgten 49 Verurteilungen wegen sexuellen Missbrauchs von Schutzbefohlenen. Schutzbefohlene sind Personen, die eine besondere Nähe zum Täter haben, wie etwa der Schüler zum Lehrer. In 40 Fällen wurden Freiheitsstrafen ausgesprochen, davon in 37 Fällen (93 Prozent) Freiheitsstrafen von nicht mehr als zwei Jahren. In jedem dieser 37 Fälle wurde die Freiheitsstrafe auch zur Bewährung ausgesetzt.
- Wegen sexuellen Missbrauchs von Kindern erfolgten im Jahr 2019 insgesamt 564 Verurteilungen zu Freiheitsstrafen, davon in 85 Prozent der Fälle zu Freiheitsstrafen von nicht mehr als zwei Jahren, 82 Prozent aller Freiheitsstrafen wurden zur Bewährung ausgesetzt.

- In den Fällen sexuellen Missbrauchs von Kindern, bei denen es zu keinem unmittelbaren Körperkontakt kam, wurden 229 Freiheitsstrafen ausgesprochen. In 93 Prozent der Fälle handelte es sich um Freiheitsstrafen von nicht mehr als zwei Jahren, 86 Prozent der Freiheitsstrafen wurden zur Bewährung ausgesetzt.

Mittlerweile sind die Strafrahmen bei Delikten gegen die sexuelle Selbstbestimmung aufgrund des Gesetzes zur Bekämpfung sexualisierter Gewalt gegen Kinder vom 16. Juni 2021 (in Kraft getreten am 1. Juli 2021) teilweise angehoben worden. Es ist jedoch nicht zu erwarten, dass die Freiheitsstrafen bei derartigen Taten in Zukunft wesentlich höher ausfallen werden. Denn warum sollten dieselben Richter, die zuvor den deutlich geringeren Strafrahmen nicht genutzt haben, nun den höheren Strafrahmen ausschöpfen? Zur Erinnerung: Im Jahr 2019 wurde der jeweilige Strafrahmen bei den Verurteilungen wegen sexuellen Missbrauchs Schutzbefohlener (§ 174 Strafgesetzbuch alte Fassung) in weniger als 4 Prozent der Fälle, bei Verurteilungen wegen schweren sexuellen Missbrauchs von Kindern (§ 176a Strafgesetzbuch alte Fassung) in weniger als 2 Prozent der Fälle und bei Verurteilungen wegen sexuellen Missbrauchs von Kindern mit unmittelbarem körperlichem Kontakt (§ 176 Absätze 1, 2, 3 Strafgesetzbuch alte Fassung) in weniger als 0,5 Prozent der Fälle ausgeschöpft. Die Situation ist durchaus vergleichbar mit der beim Delikt der gefährlichen Körperverletzung, die bereits im ersten Kapitel erläutert wurde. Auch dort verdoppelte der Gesetzgeber den Strafrahmen im Jahr 1998 von fünf auf zehn Jahre Freiheitsstrafe, ohne dass die Richter ihre Rechtsprechungspraxis dementsprechend geändert hätten.

Auf die Gefahr hin, mich zu wiederholen: Die deutschen Strafgesetze reichen aus. Aber sie müssen auch konsequent zur Anwendung kommen! Vielen Strafrichtern fehlt offensichtlich der Wille, ein für sie anscheinend »hartes« Urteil zu sprechen. Das strengste Gesetz der Welt hilft jedoch nicht, wenn es nicht angewendet wird. Dies gilt nicht nur hinsichtlich der Strafzumessung, also bei der Festsetzung der Höhe der jeweiligen Freiheitsstrafe, sondern auch bei der Frage, ob eine Strafe noch zur Bewährung ausgesetzt werden kann. 24 Monate Gefängnisaufenthalt sind nun einmal etwas anderes als ein Stück Papier, auf dem eine Freiheitsstrafe von zwei Jahren steht, die nicht verbüßt werden muss. Bei einer Bewährungsentscheidung ist – auch nach höchstrichterlicher Rechtsprechung – stets darauf zu achten, ob sie für das allgemeine Rechtsempfinden unverständlich erscheinen und das Vertrauen der Bevölkerung in die Unverbrüchlichkeit des Rechts erschüttern würde.[21] Eine Bewährung darf nicht von der Allgemeinheit als Zurückweichen vor Kriminalität angesehen werden. Und deshalb schreibt auch das Gesetz unmissverständlich vor, dass bei einer Freiheitsstrafe von mindestens sechs Monaten keine Strafaussetzung zur Bewährung erfolgt, wenn die Verteidigung der Rechtsordnung die Vollstreckung der Freiheitsstrafe gebietet.[22] Diese Vorschrift wird von zu vielen meiner Kollegen nicht beachtet. Ein Richter, der das allgemeine und nicht nur auf einen Einzelfall bezogene Rechtsempfinden der Bevölkerung unberücksichtigt lässt, wird jedoch seiner Verantwortung als Vertreter der dritten Staatsgewalt gegenüber dem Bürger nicht gerecht.

Wo ein Wille ist …

»Hast du es schon gehört?«, fragt mich Staatsanwältin Schmidt in der Sitzungspause, die wir für einen Kaffee in einer naheliegenden Bäckerei nutzen.

»Was?«, frage ich und setze meinen Becher auf der Untertasse ab.

»Dein Fall ist durch!«

»Welcher Fall?«

»Na der Missbrauch von Schutzbefohlenen. Die Anklage, die das Landgericht zu dir durchgereicht hat. Erinnerst du dich?«

»Ja, natürlich! Was ist rausgekommen?«

Das Oberlandesgericht hatte in seinem Beschluss deutlich darauf hingewiesen, dass im vorliegenden Fall die Strafobergrenze der zu bildenden Gesamtstrafe bei 15 Jahren liege und der Angeklagte eine Freiheitsstrafe zu erwarten habe, die deutlich über der Mitte des eröffneten Strafrahmens, also über siebeneinhalb Jahren, liege.

»Neun Jahre!«, sagt die Staatsanwältin.

Neun Jahre. Mehr als das Doppelte dessen, was das Schöffengericht des Amtsgerichts hätte aussprechen dürfen. Was wäre gewesen, wenn ich vor einigen Wochen nicht zum Telefonhörer gegriffen hätte, um mit der Staatsanwaltschaft zu sprechen? Wenn die Staatsanwältin sich nicht hätte überzeugen lassen, gegen den irrwitzigen Beschluss des Landgerichts Beschwerde einzulegen? Wenn …

»Ist alles in Ordnung?«, unterbricht die Staatsanwältin meine Gedanken.

»Ja«, nicke ich. »Alles in Ordnung.«

In kaum einer Frage ist die gegenwärtig tief gespaltene deutsche Gesellschaft so einig wie in der, dass Kindesmissbrauch ein abscheuliches Verbrechen ist und hart bestraft werden muss. Und ebendiese Auffassung kann, darf und muss sich auch in den Urteilen wiederfinden, die den Anspruch haben, »Im Namen des Volkes« zu ergehen. Wie in diesem Kapitel gezeigt, sind sich anscheinend zu viele Strafrichter dieser Verantwortung, die sie als Diener des Volkes tragen, nicht bewusst. Abschließend sollen drei Lösungen für dieses Problem erörtert werden: eine einfache Lösung, eine nachhaltige Lösung und eine nicht funktionierende Lösung. Für Letztere hat sich übrigens die Politik entschieden.

Die einfache Lösung ist bereits im ersten Kapitel dieses Buches dargestellt worden. Die Justizminister der Bundesländer können mithilfe des ihnen gemäß den §§ 146, 147 Gerichtsverfassungsgesetz zustehenden Weisungsrechts gegenüber den Staatsanwaltschaften dafür Sorge tragen, dass gegen die Abgabepraxis der Landgerichte konsequent mit der Beschwerde zum Oberlandesgericht vorgegangen wird und gegen zu milde Urteile ebenso konsequent Rechtsmittel eingelegt werden. Diese Lösung ist sofort umsetzbar und kann deshalb auch als Provisorium dienen, bis der nachhaltige Lösungsweg beschritten ist.

Die nachhaltige Lösung erfordert eine Reform bei der Richterauswahl. Die jeweiligen Kandidaten müssen dahingehend geprüft werden, ob sie die erforderlichen Charakterzüge aufweisen, um das Richteramt verantwortlich wahrzunehmen. Hierzu gehört insbesondere auch das Selbstvertrauen, das erforderlich ist, um eine empfindliche Strafe auszusprechen, die möglicherweise seitens des Angeklagten mit der Revision angegriffen wird. Insoweit ist es dringend erforderlich, mit der Hilfe von Fachleuten psychologische Eignungstests für die Kandidaten des Richteramtes zu entwickeln.

Die Politik hat sich jedoch weder für den einfachen noch für den nachhaltigen, sondern für den nicht funktionierenden Lösungsweg entschieden, indem sie, wie bereits im Einzelnen erläutert, mit der Gesetzesänderung im Sommer 2021 den Strafrahmen für die einzelnen Taten gegen die sexuelle Selbstbestimmung angehoben hat. Ein Blick auf die vergleichbare Problematik der gefährlichen Körperverletzung zeigt eindrucksvoll, dass der Wille des Gesetzgebers mitunter von der Rechtsprechung einfach ignoriert wird. Die Verdoppelung des Strafrahmens im Jahr 1998 mit dem Zweck, das Rechtsgut der körperlichen Unversehrtheit aufzuwerten, wurde von den Richtern nicht genutzt. Und so ist fest damit zu rechnen, dass auch in Zukunft die in den Fällen des sexuellen Missbrauchs von Kindern ausgeurteilten Freiheitsstrafen in der absoluten Mehrzahl deutlich geringer sein werden als die Hälfte der gesetzlichen Höchststrafe. Der absolut nachvollziehbare Wunsch der Gesellschaft hinter der Gesetzesänderung im Sommer 2021, sexualisierte Gewalt gegen Kinder härter zu bestrafen, wird daher genau das bleiben: nur ein Wunsch.

Kapitel 4

Der kleine Kindesmissbrauch

§ 184b Strafgesetzbuch

–

Verbreitung, Erwerb und Besitz kinderpornografischer Inhalte

Viele, viele Videos

Das blonde Mädchen ist vier, höchstens fünf Jahre alt. Ihre Augen sind weit aufgerissen, die Lippen fest aufeinandergepresst, sodass nur noch ein schmaler Strich zu sehen ist. Das Kind hat Angst. Zwei kräftige, behaarte Arme eines Mannes umfassen die nackten dünnen Oberschenkel des Mädchens, spreizen sie gewaltsam auseinander und halten ihren Intimbereich in die Kamera. Dies ist nur eines von insgesamt 106 kinderpornografischen Bildern, die Mario L. auf seinem Computer hat. Und es ist nicht das brutalste. Die meisten Bilder zeigen Kinder, Jungen und Mädchen, und Erwachsene, die mit ihnen den Oral-, Vaginal- und Analverkehr ausführen, sie quälen und wie ein Spielzeug benutzen. Mario L. ist immer wieder auffällig geworden, zum ersten Mal ging er der Polizei vor zehn Jahren ins Netz. Damals kassierte er einen Strafbefehl für den Besitz von kinderpornografischem Material – mehr als 1000 Videos und mehr als 5000 Fotos! Jedes Video, jedes Foto ist der Beweis für den sexuellen Missbrauch eines Kindes. Drei Jahre später erfolgte die nächste Verurteilung, zwei Jahre später wieder eine und drei Jahre später noch eine. Bereits vier einschlägige Verurteilungen weist Mario L.s Auszug aus dem Bundeszentralregister auf, als seine Wohnung auf richterliche Anordnung im Herbst 2019 durchsucht und sein Notebook mit den 106 Kinderpornos sichergestellt wird.

»Und ich werde auch in Zukunft so weitermachen«, zischt er den Polizeibeamten bei seiner Festnahme wütend entgegen. »Was wollt ihr denn machen?«

Noch auffälliger als der Anstieg der Fälle des sexuellen Missbrauchs von Kindern von fast 7 Prozent im Jahr 2020 ist der Zuwachs im Bereich der Kinder- und Jugendpornografie. Die Polizeiliche Kriminalstatistik verzeichnete im Jahr 2020 bei dem Delikt »Verbreitung, Erwerb, Besitz und Herstellung kinderpornografischer Schriften« im Vergleich zum Vorjahr einen Anstieg von 53 Prozent auf insgesamt 18761 Fälle. Das sind fast 6500 Fälle mehr als im Jahr 2019! Bei jugendpornografischen Schriften betrug der Zuwachs gegenüber dem Vorjahr sogar mehr als 56 Prozent. Die häufige Erklärung, der Anstieg der Statistik in diesem Deliktsbereich sei überwiegend darauf zurückzuführen, dass die Aufklärungsmöglichkeiten, insbesondere aufgrund der guten Zusammenarbeit mit ausländischen Ermittlungsbehörden, verbessert würden, ist ebenso zutreffend wie beunruhigend. Denn es bedeutet, dass diese Verbrechen in den Vorjahren bereits weitverbreitet waren und lediglich nicht entdeckt wurden.

Auch prominente Personen geraten immer wieder unter den Verdacht des Besitzes kinderpornografischen Materials. Im Jahr 2014 wurde der SPD-Politiker Sebastian Edathy wegen Besitz kinderpornografischer Fotos und Videos angeklagt. Das Strafverfahren wurde gegen Zahlung einer Geldauflage in Höhe von 5000 Euro eingestellt. Auch die Politiker Linus Förster und Jörg Tauss mussten sich unter anderem wegen Besitz bzw. Beschaffung und Verbreitung kinderpornografischen Materials vor Gericht verantworten.[23]

Im Frühjahr 2021 erregte der Prozess gegen den ehemaligen Fußball-Nationalspieler Christoph Metzelder Aufsehen, als sich dieser wegen des Vorwurfs des Besitzes kinder- und jugendpornografischen Materials vor dem Amtsgericht Düsseldorf zu verantworten hatte. Nachdem er ein Teilgeständnis über die Verschaffung und Weiterleitung von 18 Dateien mit kinder- und jugendpornografischem Inhalt abgelegt hatte, wurde er am 29. April 2021 zu einer Freiheitsstrafe von zehn Monaten verurteilt, die zur Bewährung ausgesetzt wurde. Die Staatsanwaltschaft hatte 14 Monate gefordert. Als »viel zu milde« kritisierten nicht wenige Prominente das Urteil gegen den Ex-Nationalspieler. In den folgenden Abschnitten wird deutlich werden, dass der Umgang der Justiz mit den Straftaten im Zusammenhang mit kinder- und jugendpornografischem Material in der Tat unangemessen ist, nicht nur was die Höhe der Strafen betrifft, dass jedoch das Urteil des Amtsgerichts Düsseldorf gegen den nicht vorbestraften und teilgeständigen Ex-Nationalspieler Metzelder im Verhältnis zu den üblichen Entscheidungen der deutschen Strafgerichte nicht auffällig milde ist.

What the f…

»Das Landgericht hat keine Lust zu arbeiten«, sagt meine Kollegin augenzwinkernd und deutet auf eine Akte, die in meinem Fach liegt.

»Was meinst du?«, frage ich und nehme die rote Strafakte aus dem sogenannten Aktenbock.

»Sie war versehentlich in meinem Fach gelandet. Ein KiPo-Fall.« KiPo – die justiz- und polizeiinterne Abkürzung für Kinderpornografie. »Aber ein sehr heftiger Fall«, fügt meine Kollegin hinzu. »Die Staatsanwaltschaft hat die Anklage zum Landgericht erhoben.«

»Und das Landgericht tut das, was es am besten kann, und hat den Fall an uns weitergegeben?«, vermute ich.

Meine Kollegin nickt und seufzt.

»Sind wir doch gewohnt«, sage ich und zucke mit den Schultern.

»Das schon«, stimmt meine Kollegin zu. »Aber die Begründung ist … mach dir selbst ein Bild.«

Neugierig schlage ich die Akte auf. Der Bundeszentralregisterauszug des Angeklagten Mario L. fällt heraus und landet auf dem Boden. Ich hebe ihn auf und überfliege die Eintragungen. Vier Vor-

strafen wegen Kinderpornografie. Mehrere Jahre Hafterfahrung. Hohe Rückfallquote. Er steht unter Bewährung. Unter zweifacher Bewährung, um genau zu sein. Und Mario L. ist – was mir die Anklageschrift verrät – schon wieder wegen Besitz kinderpornografischer Bilder festgenommen worden. Die Staatsanwaltschaft erwartet – meines Erachtens völlig zutreffend – eine Freiheitsstrafe von mehr als vier Jahren. Doch das Landgericht sieht offensichtlich eine Besserung des Angeklagten. Denn bei der vorherigen Tat hatte der Angeklagte noch 335 Bilder mit Kinderpornos besessen. Jetzt – so das Landgericht wörtlich – gehe es »nur um den Besitz von 106 kinderpornografischen Bilddateien«. Daher sei eine höhere Freiheitsstrafe als beim letzten Mal »ausgeschlossen«. Ich blicke von der Akte hoch in das Gesicht meiner Kollegin.

»Was für eine gequirlte Scheiße!«, platzt es aus mir heraus. »Soll das heißen, der Täter, der sich beim ersten Mal mit 5000 Kinderpornos erwischen lässt und nur eine Freiheitsstrafe von sechs Monaten kassiert, muss lediglich darauf achten, beim nächsten Mal nicht mehr als 4999 Kinderpornos zu haben, um mit weniger als sechs Monaten nach Hause zu gehen?«

Meine Kollegin zuckt mit den Schultern. »Ist ein schlechter Witz oder?«

Leider nicht. Das Landgericht meint das völlig ernst …

Das Verbot kinderpornografischer Inhalte wurde immer wieder erweitert und im Strafmaß verschärft.[24] Der frühere Strafrahmen des § 184b Strafgesetzbuch – Verbreitung, Erwerb und Besitz kinderpornografischer Inhalte – sah eine Freiheitsstrafe von drei Monaten bis zu fünf Jahren vor. Mittlerweile ist der Strafrahmen durch das bereits erwähnte Gesetz zur Bekämpfung sexualisierter Gewalt gegen Kinder vom 16. Juni 2021 erhöht worden. Der neue Strafrahmen des § 184b Strafgesetzbuch sieht eine Freiheitsstrafe von einem Jahr bis zu zehn Jahren vor. Damit wertet der Gesetzgeber die Straftat als ein Verbrechen im Sinne des § 12 Strafgesetzbuch mit der Folge, dass zukünftig die Verfahren wegen Erwerb und Besitz kinderpornografischer Inhalte vor den Schöffengerichten der Amtsgerichte verhandelt werden.

Eine wesentliche Verschärfung der Rechtsprechung infolge des erhöhten Strafrahmens ist jedoch kaum zu erwarten. Die Gerichte haben – wie auch bei den Fällen des sexuellen Missbrauchs von Kindern und der gefährlichen Körperverletzung – den früheren Strafrahmen kaum ausgeschöpft, was ein Blick in die entsprechende Aufstellung des Statistischen Bundesamtes sehr deutlich zeigt.[25] Von 2125 Verurteilungen im Jahr 2019 wegen Verbreitung, Erwerb und Besitz kinderpornografischer Schriften wurde nur in etwas mehr als der Hälfte der Fälle (circa 58 Prozent) überhaupt eine Freiheitsstrafe ausgesprochen. In den übrigen Fällen beließ es das Gericht bei einer bloßen Geldstrafe. Wurde eine Freiheitsstrafe verhängt, so setzten die Richter diese in mehr als 90 Prozent der Fälle zur Bewährung aus. Eine Freiheitsstrafe im Bereich von drei bis fünf Jahren verhängten die Gerichte in weniger als 1 Prozent aller Fälle.

Im Verhältnis zu dieser extrem zurückhaltenden Rechtsprechung der Strafgerichte im gesamten Bundesgebiet ist eine Freiheitsstrafe von zehn Monaten auf Bewährung für einen teilgeständigen und nicht vorbestraften Angeklagten, so wie sie das Amtsgericht Düsseldorf im Fall Metzelder ausgesprochen hat, nicht auffällig milde, sondern bewegt sich eher im oberen Durchschnitt. Darüber hinaus ist zu begrüßen, dass Staatsanwaltschaft und Gericht sich im Fall des Ex-Nationalspielers nicht für das sonst bei Ersttätern oft gewählte Schnell-und-einfach-Verfahren entschieden haben, den Strafbefehl.

Während aufgrund der verbesserten und engeren Zusammenarbeit der Ermittlungsbehörden deutschlandweit und international immer mehr derartige Straftaten im Bereich der Kinder- und Jugendpornografie aufgeklärt werden können, lässt die Strafverfolgung dieser Fälle weiterhin zu wünschen übrig. Zu oft werden diese Taten mit Strafbefehlen erledigt. Das heißt, das Gericht erlässt auf Antrag der Staatsanwaltschaft einen Strafbefehl, der dem Angeklagten zugestellt wird. Der Angeklagte darf dann entscheiden, ob er den Strafbefehl akzeptiert oder hiergegen Einspruch einlegt. Nur dann, wenn er sich für einen Einspruch entscheidet, kommt es zu einer Hauptverhandlung vor Gericht. Andernfalls muss der Angeklagte nie in einem Gerichtssaal erscheinen, er bleibt anonym. Selbst wenn das Amtsgericht sein persönliches Erscheinen für die Hauptverhandlung nach Einlegung des Einspruchs ausdrücklich anordnet, muss der Angeklagte nach der Rechtsprechung einiger Landgerichte nicht erscheinen, sondern kann sich durch einen Verteidiger vertreten lassen und hierdurch seine Anonymität weitestgehend wahren.

Diese bundesweit verbreitete Vorgehensweise der Erledigung im Strafbefehlswege ist unangemessen. Ein Strafbefehl soll schon nach dem Wortlaut des Gesetzes von der Staatsanwaltschaft nur beantragt werden, wenn sie eine Hauptverhandlung nicht für erforderlich erachtet.[26] Auch der Richter soll eine Hauptverhandlung anberaumen, wenn er Bedenken hat, ohne eine solche zu entscheiden.[27] Das Strafbefehlsverfahren ist daher vor allem für Fälle der Massenkriminalität geeignet, wie Leistungserschleichung (das sogenannte Schwarzfahren), Sachbeschädigung und Beleidigung. Bei solchen Delikten ist es nicht unbedingt erforderlich, sich von dem Täter einen persönlichen Eindruck zu verschaffen und durch die Hauptverhandlung auf ihn einzuwirken. Anders verhält es sich bei Straftaten wie der Verbreitung, dem Erwerb, dem Besitz und der Herstellung kinder- und jugendpornografischer Schriften. Der persönliche Eindruck, den sich der Richter von dem Angeklagten nur in der Hauptverhandlung verschaffen kann, ist ebenso entscheidend wie der Eindruck einer öffentlichen Hauptverhandlung auf den Angeklagten selbst. Der Grund, warum viele Richter dennoch gern in Fällen der Kinderpornografie einen Strafbefehl erlassen, ist, dass die Durchführung einer entsprechenden Hauptverhandlung als äußerst unangenehm empfunden wird. Für dieses Empfinden habe ich durchaus Verständnis. Obwohl ich mittlerweile seit über 14 Jahren als Richter tätig bin, davon die meiste Zeit als Strafrichter, fällt es mir immer noch schwer, diese Art von Verfahren zu bearbeiten. Und ich gehe nicht davon aus, dass sich dies jemals ändern wird. Den ersten KiPo-Fall bearbeitete ich als Strafrichter am Amtsgericht Düsseldorf vor über zwölf Jahren. Zuvor hatte ich in meiner Studienzeit rechtsmedizinische Vorlesungen besucht, Brand- und Wasserleichen gesehen und kannte den Ablauf einer Obduktion. Mein Magen war und ist einiges gewohnt. Dennoch wurde mir übel, als ich damals den Bildband aufschlug, der in der roten Strafakte lag, und ich benötigte frische Luft. Auch zwölf Jahre später braucht es Tage, manchmal auch Wochen, um die Bilder wieder aus dem Kopf zu bekommen. Daher habe ich großen Respekt vor den Polizeibeamten und Staatsanwälten, die sich auf diesen Fachbereich spezialisiert haben. Und ich kann den Wunsch meiner Richterkollegen nachvollziehen, sich das jeweilige Verfahren durch den Erlass eines Strafbefehls schnellstens vom Hals zu schaffen. Trotzdem ist dieses Vorgehen unangemessen. Die eigene Bequemlichkeit rechtfertigt nicht, die Chance ungenutzt zu lassen, den Täter in einer öffentlichen Gerichtsverhandlung mit seiner Straftat zu konfrontieren und sich persönlich davon zu überzeugen, ob er das Unrecht seiner Tat auch tatsächlich einsieht.

Mit der Änderung des Strafgesetzes zum 1. Juli 2021 wird dieser unangemessenen Praxis teilweise ein rechtlicher Riegel vorgeschoben. Denn mit der neuen Mindeststrafe von einem Jahr gemäß der Neufassung des § 184b Strafgesetzbuch gilt die Verbreitung, der Erwerb und der Besitz kinderpornografischer Inhalte zukünftig als Verbrechen im Sinne des § 12 Strafgesetzbuch. Das hat neben der Zuständigkeit des Schöffengerichts für diese Verfahren auch zur Folge, dass der Erlass eines Strafbefehls zukünftig nicht mehr zulässig ist. Weiterhin möglich bleibt jedoch der Erlass eines Strafbefehls in den Fällen der Verbreitung, des Erwerbs und des Besitzes jugendpornografischer Inhalte gemäß § 184c Strafgesetzbuch, also bei den Taten, die Bilder und Videos mit Kindern ab 14 Jahren zeigen. Es ist zu befürchten, dass in diesen Fällen – im Jahr 2020 wurden deutschlandweit polizeilich 3107 registriert[28] – die bisherige Strafbefehlspraxis beibehalten wird.

Damit die gesetzgeberische Intention, die hinter der deutlichen Anhebung des Strafrahmens steht, nicht tatsächlich ins Leere läuft, ist es jedoch erforderlich, dass die Staatsanwaltschaften zum einen auch in den Fällen der jugendpornografischen Delikte des § 184c Strafgesetzbuch von der bisherigen Praxis des Strafbefehlsverfahrens Abstand nehmen und zum anderen besonders schwere Fälle der Verbreitung kinderpornografischen Materials, vor allem bei Wiederholungstätern, konsequent zu den Landgerichten angeklagt und die üblichen Abgabebeschlüsse ebenso konsequent mit der Beschwerde zu den Oberlandesgerichten angefochten werden. Beides kann durch entsprechende Weisungen der Landesjustizminister gegenüber den Staatsanwaltschaften sichergestellt werden. Einstweilen fehlt es an diesem konsequenten Vorgehen, sodass auch Wiederholungstäter weiterhin zu den Amtsgerichten angeklagt werden, mit der Folge, dass der Strafrahmen, wie bereits in Kapitel 1 erklärt, von vornherein auf dreifache Weise begrenzt wird. Der Gang des Verfahrens, das diesem Kapitel als Beispiel zugrunde liegt, zeigt eindrucksvoll, mit welchen geringen Strafen auch mehrfache Wiederholungstäter davon kommen können, insbesondere durch den Genuss der bereits erwähnten Rabattrechtsprechung der landgerichtlichen Berufungskammern.

Auf jeden Fall ein Strafrabatt

»Die KiPo-Sache ist aus der Berufung zurück. Zur Kenntnisnahme. Guck sie dir besser nicht an. Du ärgerst dich nur.«

Mit diesen Worten drückt mir Sabine, meine Geschäftsstelle, die rote Strafakte in die Hand, die zuletzt vor sieben Monaten auf meinem Schreibtisch gelegen hat. Damals verurteilte das Schöffen-

gericht unter meinem Vorsitz den Angeklagten Mario L. zu einer Gesamtfreiheitsstrafe von vier Jahren ohne Bewährung. Mario L. legte Berufung ein. Ich ignoriere die Warnung meiner Geschäftsstelle, schlage die Akte auf und blättere, bis ich das Berufungsurteil des Landgerichts gefunden habe. Der Rabattmarkenverein hat wieder zugeschlagen: Die Strafe wurde insgesamt um anderthalb Jahre reduziert. Die Einzelstrafen, die das Landgericht festgesetzt hat, liegen überwiegend im unteren Bereich des jeweiligen Strafrahmens, in nur einem Fall wird der Strafrahmen bis zur Hälfte ausgeschöpft. Freiheitsstrafen im unteren Bereich für einen Wiederholungstäter. Für einen vierfach einschlägig vorbestraften Wiederholungstäter. Für einen vierfach einschlägig vorbestraften Wiederholungstäter, der sich erneut in großem Umfang kinderpornografisches Material verschafft hat, während er in zwei Fällen unter einer laufenden Bewährung stand. Strafmildernd hat die Berufungskammer des Landgerichts vor allem gewertet, dass der Angeklagte Mario L. nunmehr bereut. Was er bereut, wird nicht ganz klar. Vermutlich, dass er wieder erwischt worden ist.

»Du ärgerst dich nur«, hat Sabine gesagt. Ich bemühe mich, den Ratschlag einer ehemaligen Präsidentin des Oberlandesgerichts zu befolgen: »Herr Schleif, nicht ärgern. Nur wundern.« Manchmal funktioniert es. Heute nicht.

Nicht selten tragen die mit Strafverfahren betrauten Berufungskammern der Landgerichte den Spottnamen »Rabattmarkenvereine«, da eine Abmilderung, ein Rabatt auf die von den Amtsgerichten ausgesprochene Strafe, fast schon die Regel darstellt. So werden Freiheitsstrafen herabgesetzt oder in Geldstrafen umgewandelt, bereits geringe Geldstrafen nochmals reduziert oder einige Verfahren gleich ganz eingestellt. Die Ursachen für diese Rabattrechtsprechung sind in *Urteil: Ungerecht* umfassend beschrieben.[29] Zum einen ist es die Angst der Berufungskammervorsitzenden, die Verantwortung für eine scheinbar harte Strafe, die das Amtsgericht ausgesprochen hat, gegenüber dem Angeklagten mittragen zu müssen. Setzt er die Strafe des Amtsgerichts – und sei es auch nur gering – herab, dann erscheint er dem Angeklagten schon mal »netter« als der Amtsrichter. Und damit wächst zugleich seine Hoffnung, dass der Angeklagte das Berufungsurteil akzeptiert und nicht mit der Revision angreift. Denn viele Strafkammervorsitzende haben eine geradezu panische Angst davor, von der Revisionsinstanz abgeändert zu werden. Eine Urteilsaufhebung durch die Revisionsinstanz betrachten sie als große Blamage. Und die Wahrscheinlichkeit, dass ein unzufriedener Angeklagter gegen das Urteil Revision einlegt, ist mehr als 30 Mal (!) höher als eine Revisionseinlegung durch die Staatsanwaltschaft.[30] Von daher ist es nur natürlich, dass die Vorsitzenden der Berufungskammern – zumindest unterbewusst – versuchen, sich mit dem Angeklagten gut zu stellen, indem sie Milde walten lassen und die Strafe des Amtsgerichts reduzieren. Dass es tatsächlich in erster Linie diese Bequemlichkeit ist – vielleicht gepaart mit der Arroganz, es in jedem Fall besser als das Amtsgericht machen zu können –, zeigt ein Blick in die Statistik. Ein Freispruch in der Berufungsinstanz ist die Ausnahme und erfolgt in weniger als 5 Prozent aller Fälle. Demgegenüber ist eine Abänderung des amtsgerichtlichen Urteils – vor allem durch eine Reduzierung der Strafe – die Regel und findet, sofern die Berufung nicht wegen Ausbleiben des Angeklagten verworfen wird, in etwa 70 Prozent aller Fälle statt. Die Folgen dieser Rabattrechtsprechung liegen auf der Hand. Die Akzeptanz der amtsgerichtlichen Urteile sinkt, der Verurteilte macht sich berechtigterweise Hoffnung, doch noch etwas besser wegzukommen, wenn er gegen das Urteil Berufung einlegt. Dementsprechend wird bundesweit die Berufung gegen amtsgerichtliche Urteile in etwa 80 Prozent der Fälle von dem Angeklagten und nur in 20 Prozent der Fälle von der Staatsanwaltschaft eingelegt.[31]

In den Fällen des einfachen Diebstahls oder der Leistungserschleichung kann man über die Rabattrechtsprechung der landgerichtlichen Berufungskammern noch müde lächeln, sie allenfalls als lästig empfinden. In einigen Fällen, und hierzu gehören neben den bereits erläuterten Körperverletzungen insbesondere die Fälle der Verurteilungen wegen der Verbreitung und des Besitzes kinderpornografischen Materials, ist sie inakzeptabel und eine Schande für den Rechtsstaat. Einige Kollegen scheinen zu vergessen, dass jeder Fall von Kinderpornografie untrennbar verbunden ist mit einem Kindesmissbrauch. Jede Videoaufnahme, jedes einzelne Foto zeigt ein Kind, das sexuell missbraucht wurde. Und es wurde allein zu dem Zweck missbraucht und fotografiert, weil es Menschen gibt, die diese Bilder sehen wollen. Den Konsumenten kann deshalb auch ein nachfolgender Kindesmissbrauch zur Herstellung neuer Fotos und Videos zugerechnet werden.[32] Mit anderen Worten: Diejenigen, die sich kinderpornografische Bilder und Videos zu ihrem Vergnügen ansehen, sind dafür mitverantwortlich, dass immer wieder Kinder sexuell missbraucht werden, um neue Videos und Bilder herzustellen.

Kinderpornografie war, ist und bleibt ein undiskutables und abscheuliches Verbrechen, bei dem Angst vor der Verantwortung für eine vermeintlich harte Strafe ebenso fehl am Platze ist wie Angst vor einer Revision oder Arroganz gegenüber den »strengen« Kollegen der Amtsgerichte.

Kapitel 5

K(l)eine Macht den Drogen

Gesetz über den Verkehr mit Betäubungsmitteln (BtMG)

Es war doch nur Marihuana

Wieder huscht der Blick des rundlichen Mannes mit dem gutmütigen Gesicht auf das Armaturenbrett. Die Tachonadel des roten Kleinwagens scheint bei 75 Stundenkilometern festgewachsen zu sein, obwohl die Schilder der kilometerlangen Baustelle auf der Bundesautobahn A3 sogar 80 Stundenkilometer gestatten. Aber Jan-Hendrik O. will unter keinen Umständen auffallen. Unsicher blickt er in den Rückspiegel, auf seiner Stirn und in seinem Nacken stehen Schweißperlen. Warum hat er sich nur überreden lassen?

»Musst nur einmal bis Köln fahren. 300 Euro. Schnell verdient!«, hat ihm der kleine Mann gesagt, den er als Ahmed kennt. Natürlich ist Jan-Hendrik O. sofort klar gewesen, dass der »Job« nicht ganz sauber ist. Aber das Geld kann er gut gebrauchen. 30 Jahre lang hat der gutmütige Niederländer als Reisebusfahrer gearbeitet, für einige Zeit sogar als Fahrer eines niederländischen Erstligisten. Dann erwischte ihn ein Bandscheibenvorfall; zu wenig Bewegung, zu langes Sitzen, typische Berufskrankheit. Vor zwei Jahren war Jan-Hendrik plötzlich querschnittsgelähmt, musste einige Male operiert werden. Seitdem kann er wieder laufen, aber nicht mehr als Busfahrer arbeiten. Länger als eine Stunde sitzend erträgt er vor Schmerzen nicht. Seitdem hält er sich mit Gelegenheitsarbeiten über Wasser, so gut er kann. Den Rest zum Familieneinkommen trägt Esmee bei, seine Ehefrau, mit der er seit über 35 Jahren glücklich verheiratet ist. Seit einigen Wochen ist die Familie schlecht bei Kasse. Ein Rohrbruch in der Küche, Boden und Möbel mussten erneuert werden. Dann stirbt Jan-Hendriks Mutter. Er organisiert die Beerdigung, die Bestattungskosten bleibt er schuldig. Jan-Hendrik schämt sich, wenigstens diese Schulden muss er sofort bezahlen. Er erzählt den Freunden in der Kneipe von seinen Geldsorgen und Ahmed hört zufällig mit. Jan-Hendrik kennt ihn nur flüchtig.

»Ich kann dir helfen«, sagte Ahmed. »Musst nur einmal bis Köln fahren. 300 Euro. Schnell verdient!«

Jan-Hendrik sah ihn schräg an. »Na klar! Und was soll ich transportieren? Waffen? Drogen? Ich bin doch nicht blöd!«

Ahmed hob abwehrend die Hände. »Nein, nein!«, rief er beleidigt. »Nur Marihuana!«

Der ehemalige Busfahrer dachte nach. Nur Marihuana? Harmlos. Gut, die Deutschen haben zwar keine Coffeeshops. Aber sie dür-

fen über die Grenze und in den Niederlanden Weed (Marihuana) kaufen. So eng sehen es die deutschen Behörden wohl doch nicht.

»Echt? Nur Marihuana? Du verarschst mich nicht oder?«, fragte er Ahmed.

»Nein! Du kannst in die Tüte reinsehen, wenn du mir nicht glaubst. Und du nimmst dein eigenes Auto. Ok?«

Jan-Hendrik überlegte. Was sollte schon passieren? Wenn etwas anderes als Weed in der Tüte wäre, würde er nicht fahren. Und wenn er sein eigenes Auto benutzen würde, bestünde auch nicht die Gefahr, dass er noch irgendetwas anderes transportiert, ohne es zu bemerken.

Jan-Hendrik nickte. »Ok.«

Vor einer Stunde traf er sich mit Ahmed auf einem Parkplatz kurz vor der Grenze. Ahmed hatte eine Tüte dabei und 150 Euro.

»Hier. Hälfte jetzt, hälfte später«, sagte Ahmed und drückte ihm beides in die Hand. Jan-Hendrik fasste in die Tüte und zog einen Beutel heraus, in dem sich die kleinen, grünen Knollen befanden. Und er erkannte den typischen, süßlichen Geruch des Rauschmittels.

»Siehst du! Nur Weed!«

»Ist ja gut«, brummte der gutmütige Niederländer, verstaute die Tüte im Kofferraum seines alten Kleinwagens und fuhr los.

Doch schon als er die Grenze überquerte, schwor er sich: Nie wieder! Jan-Hendrik taugt einfach nicht für krumme Sachen. Das hat er noch nie. Er ist kein Krimineller. Es wird das erste und letzte Mal sein, dass er sich hat überreden lassen.

Wieder überprüft der Niederländer seine Geschwindigkeit. Ein Blick auf das Navi verrät: Noch 84 Kilometer. Gerade ist er an der Ausfahrt Dinslaken-Nord vorbeigefahren. Unsicher blickt er in seinen Rückspiegel. Immer noch fährt der silbergraue BMW mit den beiden Männern hinter ihm. »Überhol doch einfach!«, brummt Jan-Hendrik. Endlich endet die Baustelle und tatsächlich fährt der BMW auf die linke Spur und überholt den roten Kleinwagen. Doch dann setzt er sich plötzlich vor ihn und wird langsamer. Fast im selben Moment winkt eine Kelle mit einem roten Licht aus dem Beifahrerfenster und einer Aufschrift: »Polizei folgen!«

»Wir haben im zehnten Jahr in Folge einen Anstieg der polizeilich registrierten Delikte im Bereich Rauschgiftkriminalität«, begann der Präsident des Bundeskriminalamtes Holger Münch am 27. Juli 2021 die Bundespressekonferenz zum Rauschgiftlagebild 2020. Die Frage, ob Deutschland ein Drogenproblem hat, wird durch nüchterne Zahlen beantwortet: Polizeilich registriert wurden 365 753 Rauschgiftdelikte und 54 348 Rauschgifthandelsdelikte. Das sind die offiziellen Zahlen. Die Dunkelziffer ist deutlich höher. Denn Betäubungsmitteldelikte sind klassische Kontrolldelikte. Sie werden fast ausschließlich entdeckt, wenn die Strafverfolgungsbehörden, insbesondere die Polizei, initiativ tätig werden, also umfassend kontrollieren. Strafanzeigen bilden in diesem Deliktsfeld eher die Ausnahme. Denn weder laufen geprellte Dealer zur Polizei, noch betrogene Junkies. Ein besonderes Problem der vergangenen Jahre ist der Rauschgifthandel über das Internet, vor allem über das sogenannte Darknet. Eine Identifizierung von Dealern und Kunden ist infolge der hohen Anonymität im Netz mit einem extremen Aufwand verbunden.

Die Ressourcen der Polizei und der Justiz werden durch Betäubungsmitteldelikte ganz erheblich gebunden. In den vergangenen sieben Jahren meiner Strafrichtertätigkeit kann ich die Wochen, in denen keine Anklage wegen Verstoß gegen das Betäubungsmittelgesetz zu verhandeln war, an einer Hand abzählen, ohne jeden Finger bemühen zu müssen. Die offizielle Statistik bestätigt meine persönliche Wahrnehmung: Im Jahr 2019 erfolgten bundesweit 59 325 Verurteilungen wegen Verstoß gegen das Betäubungsmittelgesetz, also etwa 163 Verurteilungen an jedem einzelnen Tag des Jahres. Das übersteigt sogar die Anzahl der Verurteilungen wegen einfacher und gefährlicher Körperverletzung mit insgesamt 48 599 Entscheidungen.

Auch die Zahl der Toten, die auf das Konto illegaler Betäubungsmittel gehen, ist erneut gestiegen. Im Jahr 2020 starben 1581 Menschen infolge illegalen Drogenkonsums. Aber auch hier dürfte die Dunkelziffer deutlich höher liegen, was unter anderem an der zum Teil sehr zurückhaltenden Einstufung einer Leiche als Drogentoten liegt. Ein Drogenfahnder mit mehr als 30 Jahren Berufserfahrung beklagte einmal: »Bevor wir jemanden als Drogentoten einstufen, müssen wir ihn schon mit der Spritze im Arm finden!« Diese Zurückhaltung ist kein neues Phänomen. Bereits vor über 20 Jahren kritisierte mein Professor für Rechtsmedizin die oft nur oberflächliche Bestimmung der Todesursache bei der Erstellung eines Totenscheins.

Zusammengefasst: Ja, Deutschland hat ein Drogenproblem. Und ja, das Problem wird seit Jahren größer. Daher ist der Ruf gewisser, zum Glück ehemaliger Richter, man müsse nur alle Drogen legalisieren, dann würden sich die Probleme von selbst lösen, mit »grenzenlos naiv« noch immer sehr wohlwollend umschrieben. Ebenso ließe sich argumentieren, wenn man das Strafgesetzbuch abschaffen würde, würden sich alle Probleme in Luft auflösen.

Gebt das Hanf frei?

»Es war doch nur Marihuana, Herr Richter!«

Es gibt Menschen, die sind auf den ersten Blick sympathisch. Und Jan-Hendrik O. gehört definitiv dazu. Ende 50, eine rundliche Figur und ein ebenso rundliches, freundliches Gesicht. Glatze, glatt rasiert, mit einer großen Nase und gütigen, graublauen Augen. Laufen bereitet dem kräftigen Mann offensichtlich Probleme. »Bandscheibe«, sagt er, als er meinen fragenden Blick sieht. Der gebürtige Amsterdamer spricht fließend Deutsch mit niederländischem Akzent. Er ist einem Zivilfahrzeug der Autobahnpolizei aufgefallen, weil er so auffallend unauffällig gefahren ist. An einer typischen Baustelle auf der Autobahn A3, also einer Baustelle, auf der nicht gearbeitet wird, sondern die nur als kilometerlange Lagerfläche für die vielen Warnbarken dient. »Niemand fährt dort 80. Nicht mal wir«, hat ihm der Kriminalhauptkommissar erklärt. Und der freundliche Niederländer hat die Polizeibeamten mit den Worten »ihr habt mich erwischt, das Zeug ist im Kofferraum« begrüßt, noch bevor sich die Kommissare vorstellen konnten. Damit verdiente sich Jan-Hendrik O. wahrscheinlich den Preis für das schnellste Geständnis des Jahres.

Ich belehre den freundlichen Mann über seine Rechte und erkläre, dass die Staatsanwaltschaft den Erlass eines Haftbefehls beantragt.

»Können Sie mir nicht einfach sagen, wie hoch die Strafe ist Herr Richter? Dann zahle ich sofort«, bittet Jan-Hendrik O. freundlich.

»Das Betäubungsmittelgesetz sieht für die Einfuhr einer nicht geringen Menge Betäubungsmittel eine Freiheitsstrafe von mindestens zwei Jahren vor.«

Der Niederländer hebt abwehrend die Hände. »Es war nur Weed, nur Marihuana, Herr Richter!«

»Ja«, nicke ich. »Knapp 2000 Gramm. Bei einem durchschnittlichen Wirkstoff von 13 Prozent macht das etwa 260 Gramm THC[33]*. Damit ist die Grenze zur nicht geringen Menge um mehr als das 30-Fache überschritten. Und da Sie keinen festen Wohnsitz in Deutschland haben und auch keine ausreichende Kaution leisten können, müssen Sie jetzt bis zu einer Hauptverhandlung ins Gefängnis.«*

Jan-Hendrik O. reißt die Augen auf. »Und wie lang ist das?«

»Mindestens sechs Wochen, wenn alles schnell geht.«

Der gesunde Rotton auf dem rundlichen Gesicht des Niederländers weicht einem erschreckenden Leichenblass. »Sechs Wochen«, sagt er mit einer Mischung aus Unverständnis, Verzweiflung und Angst mehr zu sich selbst. »Zwei Jahre Gefängnis. Mindestens.«

Als ihm der Wachtmeister die obligatorische Schließacht, eine besondere Art Handschelle, anlegt und ihn abführt, blickt er mich noch einmal an. »Aber Herr Richter! Es war doch nur Marihuana!«

Cannabis, das lateinische Wort für Hanf, ist die Pflanze, aus der Marihuana und Haschisch hergestellt werden. Von den im Jahr 2020 polizeilich erfassten 365 753 Rauschgiftdelikten betrafen 220 414 Taten die Cannabis-Betäubungsmittel. Das sind mehr als 60 Prozent.[34] Man darf mit Recht feststellen: Cannabis ist das mit Abstand am meisten gehandelte Betäubungsmittel in Deutschland. Und es ist auch das Betäubungsmittel, das die Polizei- und Justizbehörden hauptsächlich beschäftigt. In meinem Dezernat betreffen mehr als 60 Prozent der Anklagen wegen Verstößen gegen das Betäubungsmittelgesetz die Droge

Cannabis. Den zweiten Platz belegt Amphetamin, dicht gefolgt von Kokain und Heroin.

Bereits seit vielen Jahren wird vor allem kurz vor den Wahlen die Legalisierung von Cannabis-Produkten – jedenfalls zum Eigenbedarf, etwa nach niederländischem Vorbild – angeregt. Und die neue Ampelkoalition hat die teilweise Legalisierung von Cannabis ebenfalls wieder auf der Agenda. Aber nicht nur Politiker, sondern auch einige Ärzte, ja sogar Polizeibeamte, Staatsanwälte und Richter sprechen sich für eine teilweise Legalisierung aus. Das Cannabis-Verbot wird von seinen Kritikern als zu teuer, ressourcenbindend und unzeitgemäß bezeichnet. Befürworter des Verbotes warnen vor Marihuana als der typischen Einstiegsdroge, deren Gefährlichkeit unterschätzt werde. Wer hat recht?

Betrachten wir zunächst die Gefahr, die von Cannabis-Produkten »für Leib und Leben« ausgeht: Im Jahr 2020 starben mehr als 196 500 Menschen in Deutschland infolge ihres Drogenkonsums. Wie viele davon durch Marihuana? Den größten Anteil der Drogentoten machen nach wie vor die legalen Raucher aus. Rund 121 000 Menschen starben an den Folgen des Rauchens. Der zweite Platz, mit immerhin 74 000 Toten, geht an die ebenfalls legalen Trinker. Damit verbleiben »nur« etwa 1500 Tote, um genau zu sein 1581, die auf das Konto illegaler Drogen gehen. Und die meisten davon starben durch Cannabis? Weit gefehlt: Gut ein Drittel, 572 Menschen, starb durch Heroin oder Morphin. Auf Platz zwei liegen Amphetamin und Methamphetamin, deren Konsum 129 Menschen das Leben kostete. Kokain und Crack forderten 107 Todesopfer und belegten damit den dritten Platz. Und Marihuana oder Haschisch?

Den letzten mit sage und schreibe null Todesopfern. Sie haben richtig gelesen: null. An einer Marihuana- oder Haschisch-Vergiftung ist im Jahr 2020 niemand gestorben. Und in den Jahren davor? Auch nicht.

Also ist Marihuana völlig ungefährlich? Ganz sicher nicht. Marihuana ist eine Droge, die – wie andere Drogen auch – abhängig machen kann. Nach aktuellen Schätzungen sind mehr als 300 000 Erwachsene im Alter von 18 bis 64 abhängig von Cannabis-Produkten. Cannabis kann erhebliche psychische Probleme verursachen, zum Beispiel Angst- und Panikgefühle, sogar psychoseähnliche Zustände. Mitunter wird von den Befürwortern des Cannabis-Verbotes auch darauf verwiesen, dass ein Teil der jährlichen Verkehrstoten auf den Konsum von Cannabis zurückzuführen sei. Und obwohl belastbare Zahlen hierzu nicht vorliegen, ist dieser Hinweis sicherlich nicht unberechtigt.

»Cannabis ist die Einstiegsdroge.« Das ist das häufigste Argument, das gegen eine Legalisierung von Cannabis vorgebracht wird. Und auch ich vertrat lange Zeit die Auffassung, dass Cannabis die typische Einstiegsdroge sei, dass also der Schritt vom Joint zur Kokain-Line oder zur Heroinzigarette oder -spritze nicht allzu weit wäre. Und tatsächlich bestätigten meine Ansicht anscheinend zahlreiche Gespräche mit Junkies, die ich im Gerichtssaal, aber auch auf der Straße führte. Auf die Frage, mit welcher illegalen Droge sie angefangen hätten, antworten männliche wie weibliche Junkies in 99 Prozent der Fälle: »Marihuana!«

Dass tatsächlich das Einstiegsdrogen-Argument *für* eine Legalisierung sprechen könnte, wurde mir erst bewusst, als ich vor einigen Jahren auf den Junkie Fredi D. traf.

Erneut blicke ich auf den Aktendeckel der roten Strafakte, auf dem nicht nur der Name, sondern auch das Geburtsdatum des Angeklagten steht. Jahrgang 1987. Sieben Jahre jünger als ich. Fredi D. sieht allerdings mindestens 20 Jahre älter aus. Und darüber hinaus so, als hätte er Krebs im Endstadium. Fredi D. wiegt höchstens 50 Kilo, zu wenig für seine fast 1,90 Meter Körpergröße. Seine Haut ist überwiegend ungesund gelb-weiß, nur an einigen Stellen von großen blauen Flecken unterbrochen. Einige Zähne fehlen ihm, die anderen sind dunkelgelb und ein paar bereits bräunlich. Fredi D. trägt eine alte, an vielen Stellen zerrissene Jeans mit gelben und braunen Flecken, schmutzige Turnschuhe, keine Socken, sodass die blauen Venen durch die papierdünne Haut an seinen Knöcheln hindurchscheinen. Seine Fingernägel sind abgekaut, die Fingerkuppen an vielen Stellen blutig gebissen und mit Schorf übersäht. Er sieht mich aus großen graublauen Augen, die aus ihren Höhlen hervortreten, an, während er ungeduldig mit den Beinen wippt. Fredi D. ist ein Junkie. Seit fast 20 Jahren konsumiert er Heroin. Aber nicht mehr lange. In einem Jahr wird man ihn tot auffinden.

Zu Beginn erfüllt Fredi D. meine Erwartungen. »Angefangen habe ich mit Marihuana. Später kam Koks und Heroin«, erzählt er müde. Nach einem Moment fügt er hinzu. »War ja leicht zu kriegen.«

Dieser Satz lässt mich aufhorchen.

»Was heißt das?«, hake ich nach.

»Na ja«, sagt Fredi und zuckt mit den Schultern. »Ich habe mein Gras immer von demselben Typen am Bahnhof gekauft. Einmal war er nicht da, aber ein anderer, der auch dort dealte. Ich fragte ihn, ob er Gras hat. ›Gras heute nicht‹, hat er gesagt. ›Aber hier, versuch das mal!‹ Dann hat er mir eine Folie, eine Heroinzigarette, in die Hand gedrückt. Ich wollte erst nicht, aber er hat

gegrinst und gesagt: ›Hey, wenn es dir nicht gefällt, dann ist gut. Brauchst du nicht zu zahlen. Einmal ist gratis.‹ So habe ich zum ersten Mal Heroin geraucht.«

Drogen sind eine Handelsware. Und auch unter den Drogendealern befinden sich talentierte Verkäufer, die verschiedene Verkaufsmaschen beherrschen. So wie uns die verkaufstalentierte Fleischfachverkäuferin an der Wursttheke eine Scheibe Serrano-Schinken zum Probieren mitgibt, wenn wir ein halbes Pfund Fleischwurst kaufen, so geben einige Dealer ihren Kunden neben den fünf Gramm Marihuana auch mal ein halbes Gramm Heroin mit. *»Einmal ist gratis.«* Möglicherweise ist Marihuana tatsächlich die typische Einstiegsdroge, aber anders als bisher angenommen. Eine Studie zu dieser Frage und ein Erfahrungsaustausch mit unseren europäischen Nachbarn könnten Aufschluss geben. Wenn sich die Geschichte, die Fredi D. mir erzählt hat, und die mir von mehreren Strafrichterkollegen bestätigt wurde, als typisch herausstellen sollte, dann könnte die teilweise Legalisierung von Marihuana, etwa nach niederländischem Vorbild, sogar dazu führen, dass die Zahl der Konsumenten härterer Drogen wie Kokain und Heroin zurückgeht. Den Koks- und Heroindealern würde ganz einfach die Nähe zum Kunden genommen werden.

Legalize it?

»Zwei Jahre mit Bewährung!«

Auf dem Gerichtsflur begegnet mir Rechtsanwalt Thomas B., mit dem ich seit Jahren befreundet bin. Er trägt seinen Rucksack über der Schulter und hat die Anwaltsrobe unter den Arm geklemmt. Eine Beweisaufnahme in einem Mietrechtsstreit war schneller beendet als erwartet, der Rechtsanwalt hatte sich dafür den ganzen Vormittag reserviert.

»Trinken wir noch einen Kaffee?«, frage ich. Thomas nickt und wir suchen eine in der Nähe des Gerichtsgebäudes gelegene Bäckerei auf.

»Übrigens«, beginnt Thomas das Gespräch, nachdem wir uns mit unseren Kaffeetassen an einen Tisch gesetzt haben. »Erinnerst du dich noch an Jan-Hendrik, den netten rundlichen Busfahrer, den du im vergangenen Herbst eingesperrt hast?«

Ich muss kurz überlegen. »Meinst du den, mit dem Marihuana und der Bandscheibe?«

Thomas lacht. »Genau den! Gestern war seine Hauptverhandlung am Landgericht.«

»War ein sympathischer Mann«, stelle ich fest. »Was ist für ihn rausgekommen?«

»Zwei Jahre mit Bewährung«, erklärt Thomas sichtlich zufrieden.

Ich mache ein erstauntes Gesicht: »So wenig? Obwohl du ihn verteidigt hast?«

»Blödmann«, grinst Thomas. »Zum Glück war er den Kripobeamten, die ihn festgenommen haben, offenbar ebenso sympathisch wie uns beiden. Er habe sich ›von Anfang an absolut kooperativ‹ und ›geradezu vorbildlich‹ verhalten, versicherten sie.«

Darüber hinaus hatte Thomas als Strafverteidiger ganze Arbeit geleistet und einen Bericht der »Reclassering Nederland« eingeholt. Das ist eine Mischung zwischen sozialem Dienst und Bewährungshilfe in den Niederlanden, die Gespräche mit der Familie, aber auch dem aktuellen und ehemaligen Arbeitgebern des Angeklagten führt und auf dieser Grundlage einen umfassenden Bericht anfertigt. Nebenbei bemerkt sogar in deutscher Sprache. Und dieser Bericht war in Jan-Hendriks Fall so gut, dass er sich damit nicht nur für eine Bewährung, sondern sogar für eine Heiligsprechung hätte bewerben können. Deshalb forderte sogar der Staatsanwalt nach einer vergleichsweise kurzen Hauptverhandlung lediglich die Mindeststrafe von zwei Jahren und beantragte, die Strafe zur Bewährung auszusetzen. Nach dem Urteil konnte Jan-Hendrik schließlich erleichtert und dankbar gemeinsam mit seiner Familie das Gerichtsgebäude verlassen.

»Das war ein Schock fürs Leben«, fügt Thomas hinzu. »So eine Dummheit wird er nie wieder machen.«

»Was für eine Dummheit?«, frage ich und füge augenzwinkernd hinzu: »Es war doch nur Marihuana …«

Deutschland ist das Land mit den meisten Nachbarstaaten in Europa. Grenzüberschreitende Betäubungsmitteldelikte sind an der Tagesordnung und Delikte, welche die weiche Droge Marihuana betreffen, prägen das Alltagsgeschäft des Strafrichters – nicht nur im Grenzland. Cannabis ist mit Sicherheit die Droge, die die meisten Ressourcen der Justiz und der Polizei bindet. Daher müssen wir uns die Frage stellen: Ist dieser Aufwand gerechtfertigt? Ist er gerechtfertigt in Anbetracht dessen, dass Marihuana keinen nachweisbaren Anteil an den Drogentoten in Deutschland hat, und zwar schon nicht an den Toten, die auf das Konto illegaler Drogen gehen, und erst recht nicht an den Drogentoten insgesamt. Ist er gerechtfertigt in Anbetracht eines immer stärker zusammenwachsenden Europa und einer zunehmend liberalen Drogenpolitik unserer Nachbarländer? Ist Marihuana tatsächlich die gefährliche Einstiegsdroge oder könnte durch seine Legalisierung sogar der Einstieg in härtere Drogen verhindert werden? Erfordert das Europa der offenen Grenzen ein einheitliches und milderes Betäubungsmittelstrafrecht? Eine diesbezügliche politische wie gesellschaftliche Diskussion ist überfällig und könnte zum Beispiel mit einer Volksbefragung wie im Frühjahr 2021 in Frankreich begonnen werden, um festzustellen, ob die Legalisierung von Cannabis in Deutschland noch immer ein Tabu ist. Das Argument, Cannabis sei die typische Einstiegsdroge, ist auf den zweiten Blick nicht so einleuchtend wie – auch von mir – lange Zeit angenommen.

Darüber hinaus ist auch die Art und Weise einer Cannabis-Legalisierung von entscheidender Bedeutung. Sollten Cannabis-Produkte nur an wenigen, streng kontrollierten Ausgabestellen und zu Preisen abgegeben werden, die mit dem Straßenangebot nicht konkurrieren können, wird dies kaum zu einer umfassenden Entkriminalisierung führen. Dann werden die kleinen und großen Dealer weiterhin die Hauptbezugsquelle der meisten Konsumenten sein, mit der zusätzlichen Gefahr, dass die Cannabis-Produkte auf der Straße schlecht gestreckt werden, um im Konkurrenzkampf den entscheidenden Schritt vorn zu liegen. Eine »Austrocknung der illegalen Vertriebsnetze«, wie sie einige Befürworter der Legalisierung in Aussicht stellen, wird nur erfolgen, wenn die einfachen Regeln der Marktwirtschaft beachtet werden. Sollten die legalen Abgabestellen nicht deutlich attraktiver bezüglich Qualität, Verfügbarkeit und vor allem Preis sein, wird der Großteil vor allem der abhängigen Marihuanakonsumenten weiterhin seine bisherigen illegalen Bezugsquellen vorziehen. Und dann würden weder die Süchtigen noch die Strafverfolgungsbehörden von der teilweisen Legalisierung profitieren, sondern lediglich einige Stammwähler einer bestimmten Partei. Und vielleicht einige Stammwähler einer anderen bestimmten Partei, die vom Einkommen eher auf Koks abfahren, aber einfach mal lässig erscheinen wollen.

Man darf auf die entsprechenden Vorhaben der Ampelkoalition also auch aus Sicht der Justiz mit Recht gespannt sein und hoffen, dass nicht nur das Ob, sondern auch das Wie einer Legalisierung vernünftig geplant wird. Neben entsprechenden Studien könnte und sollte ein Erfahrungsaustausch insbesondere mit unseren niederländischen Nachbarn uns in diesen Fragen weitere Klarheit verschaffen.

Kapitel 6
Heim ins Reich …

§ 52 Waffengesetz

Je früher der Morgen …

Nordrhein-Westfalen, 15. Mai 2017:

Das idyllische Örtchen am unteren Niederrhein liegt in einem herrlichen Naturpark und ist beliebtes Ausflugsziel für Radfahrer. Die Wettervorhersage verspricht einen milden und trockenen Frühlingstag. Der Sonnenaufgang beginnt erst in einer Dreiviertelstunde. Noch sind die Fenster der Häuser dunkel, nur vereinzelt schimmert bereits ein Lichtstrahl durch nicht ganz zugezogene Vorhänge auf die menschenleeren Bürgersteige.

Plötzlich ist das Geräusch von vielen schweren Stiefeln auf dem Asphalt der Straße vor einem ehemaligen Restaurant zu hören. Ebenso schnell wie routiniert wird eine Leiter an die Fassade gelegt und bewaffnete Männer steigen trotz ihrer schweren Ausrüstung sicher und geübt die Sprossen herauf. In Sekundenbruchteilen öffnen sie ein Fenster im ersten Obergeschoss, steigen ein und sichern den Raum. Gleichzeitig zerschmettert ein zweites Team eine Tür auf der Rückseite des Gebäudes und dringt in das Erdgeschoss der früheren Gaststätte ein.

Das Sondereinsatzkommando der Polizei geht mit äußerster Präzision und höchst konzentriert vor. Raum für Raum wird geprüft. Die Polizei hat sichere Informationen, dass der Eigentümer des Hauses, Dennis P., über mehrere Schusswaffen der Marke Eigenbau verfügt und möglicherweise auch Sprengfallen in dem Gebäude positioniert sind. Dennis P. wird der sogenannten Reichsbürgerszene zugeordnet. Grund genug für die hoch spezialisierte und gut trainierte Sondereinheit, mit äußerster Präzision zu arbeiten. Zu frisch ist die Erinnerung an den vor weniger als einem Jahr im Oktober 2016 von einem Reichsbürger heimtückisch ermordeten Kollegen im bayerischen Georgensgmünd. In einem Raum trifft das Einsatzkommando schließlich auf den überraschten Dennis P. und kann ihn ohne Gegenwehr festnehmen. Bei der weiteren Dursuchung der früheren Gaststätte finden die Polizeibeamten tatsächlich Munition, Schwarzpulver und selbst gebaute Schussapparate. Große Mengen einer nicht identifizierbaren Substanz werden in riesigen Einmachgläsern vorgefunden. Der Kampfmittelräumdienst rückt an, kann jedoch nach kurzer Zeit Entwarnung geben. »Kein gefährliches Material.« Zu diesem Zeitpunkt ist Dennis P. bereits in Handschellen abgeführt worden.

Bereits seit den Achtzigerjahren existiert die sogenannte Reichsbürgerbewegung in Deutschland, zu der das Bundesamt für

Verfassungsschutz mittlerweile etwa 20 000 Personen zählt. »Reichsbürger« und »Selbstverwalter«, die sich selbst auch mitunter als »Germaniten« bezeichnen, sind nicht einheitlich organisiert, sondern werden entweder einzeln oder auch in Klein- bzw. Kleinstgruppen aktiv. Gemeinsam ist den Reichsbürgern, dass sie die Bundesrepublik Deutschland nicht als Staat anerkennen und dementsprechend auch nicht ihre staatlichen Einrichtungen. Polizeibeamten, Staatsanwälten und Richtern sprechen sie eine Legitimation ebenso ab wie Bürgermeistern, Ministerpräsidenten und der Bundesregierung. Sie leben in der Vergangenheit. Für einige existiert Deutschland noch in den Grenzen des Kaiserreichs, für andere wiederum ist die Ausdehnung des Deutschen Reiches in den Grenzen von 1937 maßgeblich.

Ihren bisher traurigsten Höhepunkt erreicht die Geschichte der Reichsbürger am 19. Oktober 2016, als bei einem Polizeieinsatz im bayerischen Georgensgmünd insgesamt vier Beamte verletzt werden. Ein 32 Jahre junger Polizeibeamter erliegt seinen Verletzungen am folgenden Tag. Fast genau ein Jahr später wird der Täter wegen heimtückischen Mordes und zweifachen versuchten Mordes durch das Landgericht Nürnberg-Fürth zu einer lebenslangen Freiheitsstrafe verurteilt. Die hiergegen eingelegte Revision weist der Bundesgerichtshof mit Beschluss vom 23. Januar 2019 als unbegründet zurück.[35]

Seit diesem Verbrechen steht die Reichsbürgerbewegung unter besonderer Beobachtung. Und daraus ergibt sich folgendes Bild:

Von den 20 000 Personen, die der Reichsbürgerszene zugeordnet werden, gelten etwa 10 Prozent als gewaltorientiert – rund 550 Angehörige der Bewegung besitzen legal Waffen.

Allein in Nordrhein-Westfalen wurden in den Jahren 2015 bis 2017 insgesamt 2907 Straftaten Reichsbürgern und Selbstverwaltern zugeordnet, darunter 322 Gewaltdelikte. Der Freistaat Bayern meldete für 2020 insgesamt 243 extremistische Straftaten von Reichsbürgern und Selbstverwaltern,[36] darunter auch 72 Gewaltdelikte.

Die Reichsbürgerbewegung kann – das zeigt insbesondere das Verbrechen in bayerischen Georgensgmünd im Oktober 2016 – eine ernsthafte Gefahr für unseren Rechtsstaat darstellen. Ist sie eine Gefahr, der die Justiz angemessen begegnet?

Wie ein aufgescheuchter Hühnerhaufen

»Warum sollte ich das tun?«

In zwei Tagen wird in dem großen Sitzungssaal des kleinen Amtsgerichts ein Strafprozess stattfinden. Das ist an und für sich nichts Außergewöhnliches. Angeklagt werden zwei Männer, Dennis P. und Otto S., unter anderem wegen unerlaubten Waffenbesitzes. Auch das ist noch nicht wirklich sexy. Doch die Angeklagten werden der Reichsbürgerbewegung zugeordnet. Und das ist völlig ausreichend, um einige Behördenleitungen wie einen aufgescheuchten Hühnerhaufen aussehen zu lassen. Auch optisch, wovon ich mich an jenem Morgen persönlich überzeugen konnte, als der Direktor aufgeregt in mein Büro flatterte. Breit und ausschweifend erklärte er, was bei einem Strafprozess gegen Reichsbürger theoretisch alles schiefgehen kann. Sein langer Monolog endete mit einer als Frage getarnten Aufforderung: »Verlegst du den Gerichtstermin jetzt in die Räume des Landgerichts?«

»Warum sollte ich das tun?«, stelle ich die Gegenfrage und sehe den Behördenleiter an.

»Das ist ein Reichsbürger!« Eine Pause entsteht, da ich auf das Argument warte.

»Hallo?«, fragt mich der Direktor verunsichert nach viel zu wenigen Sekunden des angenehmen Schweigens.

»Ja?«

»Was ›ja‹? Verlegst du den Termin nun?« Er klingt nervös und aufgebracht.

»Nein.«

»Aber warum denn nicht?«

»Gegenfrage: Warum denn?«

»Das ist ein Reichsbürger!« Entweder habe ich ein Déjà-vu oder wir drehen uns im Kreis. Glücklicherweise entwickelt man mit den Jahren eine gewisse Gelassenheit gegenüber aufgescheuchten Behördenleitern.

»Das ist mir bekannt. Und die Polizei wird für die Sicherheit im Sitzungssaal ebenso sorgen wie im und vor dem Gerichtsgebäude.«

Sie stören Gerichtsverhandlungen mit System. Meist erscheint eine kleine Gruppe von Reichsbürgern – optisch unauffällig und zunächst friedlich – im Sitzungssaal. Dann stellt ein Zuschauer oder der Angeklagte zu Beginn der Verhandlung die Frage nach der Legitimation des Richters. Verlangt werden eine Ernennungsurkunde oder ein Dienstausweis. Natürlich nicht irgendeine Ernennungsurkunde oder irgendein Dienstausweis. Es muss schon ein Dokument des Kaisers sein oder wenigstens des nach dem Zweiten Weltkrieg eingesetzten Alliierten Kontrollrates. Es folgen Diskussionen, Zwischenrufe und Tumult. Bekannt wurde im Jahr 2016 ein Fall vor dem Amtsgericht Kaufbeuren. Eine vorbestrafte Frau wurde wegen Fahren ohne Fahrerlaubnis angeklagt. Unter den Zuschauern befanden sich ein paar überwiegend ältere Männer und zwei jüngere Frauen der Reichsbürgerszene. Plötzlich erhob sich ein Mitglied der Gruppe, ein Mann mit grauen, langen Haaren, und erklärte den Staatsanwalt und die Richterin für verhaftet. Ein anderer Reichsbürger filmte das Schauspiel. Die Vorsitzende Richterin war überrascht und verhielt sich defensiv. Weder rief sie die Störer zur Ordnung noch untersagte sie die Filmaufnahmen. Der Tumult wurde größer. Schließlich ging die Angeklagte hinter die Richterbank, nahm die Verfahrensakte an sich und warf sie dem Wortführer zu. Das alles unter den Augen mehrerer Justizwachtmeister, die die Gruppe auch nicht daran hinderten, mitsamt der Strafakte und der Angeklagten das Gerichtsgebäude zu verlassen. Und das gelang, obwohl die Gruppe zu keinem Zeitpunkt körperliche Gewalt ausübte.

Das Gesetz enthält eine ganze Reihe von Instrumenten, die gegen störende Zuschauer, Zeugen und Angeklagte eingesetzt werden können. Sie reichen von Ordnungsgeld über Ordnungshaft bis hin zu der Möglichkeit, den Sitzungssaal mithilfe von Justizwachtmeistern und Polizei zu räumen oder gegen einen fliehenden Angeklagten einen Haftbefehl zu erlassen. Allein gegen störende Rechtsanwälte sieht die deutsche Rechtsordnung – als eine der ganz wenigen Rechtsordnungen weltweit – keine Konsequenzen vor. Man muss diese Instrumente allerdings auch anwenden wollen. Und Zuschauer, Angeklagte und Zeugen müssen die Gewissheit haben, dass der Richter sie im Ernstfall auch anwenden wird.

Viel Lärm um …

Die wenigen Zuschauerplätze des Sitzungssaals sind binnen einiger Augenblicke besetzt, nachdem die Türen des Gerichtssaals geöffnet wurden und der Aufruf zur Sache erfolgte. Ein Teil der Plätze ist für die Vertreter der Presse reserviert, doch auch diese Stühle reichen nicht aus. Der Presseandrang an diesem Morgen ist erheblich. Kameras werden vor dem kleinen Amtsgerichtsgebäude und in den engen Fluren aufgebaut. Jetzt wäre die Unterstützung des Behördenleiters vielleicht brauchbar – leider ist der jedoch an diesem Morgen wie vom Erdboden verschluckt und wird sich den ganzen Vormittag nicht mehr in »seinem« Amtsgericht blicken lassen. Auch sein Stellvertreter, der Vizedirektor, ist weit und breit nicht zu sehen. Der Pressesprecher des Landgerichts muss einspringen, koordiniert die anwesenden Journalisten und gibt bereitwillig und routiniert Presserklärungen ab.

Die Gerichtsverhandlung selbst verläuft wie zu erwarten unspektakulär und dauert nicht viel länger als eine Stunde. Die Angeklagten verhalten sich vorbildlich. Dennis P. wird wegen gemeinschaftlichen Betruges und Verstoßes gegen das Waffengesetz zu einer Gesamtfreiheitsstrafe von einem Jahr und sechs Monaten verurteilt, Otto S. zu einer Freiheitsstrafe von einem Jahr und zwei Monaten. Es ist in beiden Fällen die erste Freiheitsstrafe, die deshalb zur Bewährung ausgesetzt wird. Dennis P. akzeptiert die Freiheitsstrafe. Der Angeklagte Otto S. legt gegen das Urteil des Amtsgerichts Berufung ein. Wie üblich reduziert die Berufungskammer des Landgerichts – der zuständige Rabattmarkenverein – die Freiheitsstrafe etwa ein Jahr später von 14 auf zehn Monate. The same procedure …

»Auch das kleinste Amtsgericht verkörpert den Rechtsstaat. Es darf nicht zurückweichen. Nicht vor kriminellen Großfamilien. Nicht vor Rauschgiftbanden. Nicht vor Reichsbürgern. Denn mit jedem noch so winzigen Schritt zurück, wird eine Lücke geschaffen, die sich sehr schnell zu einem rechtsfreien Raum ausdehnen kann.«[37] Das Gesetz enthält ein ausreichendes Instrumentarium, vom Ordnungsgeld bis zur Ordnungshaft, um die Anwendung und Durchsetzung des Rechts in einem Strafprozess zu gewährleisten. All diese Ordnungsmittel nutzen jedoch nicht, wenn die Bereitschaft fehlt, sie konsequent anzuwenden. Zu viele Richter schrecken davor zurück, wenn sie sich im Gerichtssaal behaupten müssen. Auch hier rächen sich die bereits erläuterten Versäumnisse bei der Auswahl der Richter. Es wird zu wenig Augenmerk auf die charakterlichen Eigenschaften der Kandidaten und zu wenig Wert auf ein ausreichendes Selbstvertrauen der zukünftigen Richter gelegt. Im Gegenteil werden Bewerber mit großem Selbstvertrauen eher ungern gesehen, weil sich diese später »schlecht führen« lassen und dem Dienstherrn unbequem werden können. Ein befreundeter Staatsanwalt formulierte es so: »Die Justiz sucht zweigespaltene Persönlichkeiten. Im Gerichtssaal ein Pitbull, gegenüber dem Dienstherrn ein Schoßhündchen.« Weil derartige Charaktere äußerst selten sind, jedenfalls außerhalb psychiatrischer Anstalten, geht man bei der Einstellung der Richter auf Nummer sicher und entscheidet sich für die Schoßhündchen. Mit Pekinesen, Chihuahuas und Yorkshire Terriern werden sich die Gerichte jedoch nicht gegenüber Reichsbürgern behaupten. Und gegenüber kriminellen Großfamilien oder Mafiaclans? Auch da habe ich meine Zweifel.

Kapitel 7

Einmal Schwarzfahrt hin und zurück

§ 265a Strafgesetzbuch

–

Erschleichen von Leistungen

Der Zoch kütt

Michael M. sitzt auf dem Bürgersteig zwischen Pfützen, Kaugummiresten und Zigarettenstummeln und betrachtet seinen rechten Fuß. Der schäbige und zerschlissene Turnschuh hat ein großes Loch an der Oberseite. Michael M. holt eine fast aufgebrauchte Rolle Industrieklebeband aus seinem fleckigen Rucksack, reißt einen Streifen ab und klebt ihn über das Loch. Er mustert den Schuh und nickt zufrieden. Plötzlich fällt ein Regentropfen auf das Klebeband.

Noch einer dicht daneben und noch einer. Innerhalb weniger Sekunden trommeln dicke Tropfen auf den Bürgersteig. Ein typischer Wolkenbruch in diesem kalten und verregneten Herbst. Michael steht auf und stellt sich unter das Dach einer Straßenbahnhaltestelle. Mist! Er hatte gehofft, noch rechtzeitig vor dem Regen zu der Obdachlosenunterkunft zu kommen. Aber das Flaschensammeln hat heute länger gedauert. Michael brauchte Stunden, bis er genug für seinen Schuss zusammenhatte. Michael M. ist ein Junkie. Er spritzt Heroin. Seit mehr als 15 Jahren. Das wütende Klingeln des Straßenbahnfahrers reißt ihn aus seinen Gedanken. Michael blickt auf. Ein Fußgängerpärchen war noch schnell vor der Bahn über die nasse Straße gerannt. Der Straßenbahnfahrer hat abbremsen müssen. Nun nimmt er wieder Fahrt auf und nähert sich der Haltestelle, unter deren Dach Michael Schutz gesucht hat. Michael überlegt. Nur wenige Cent befinden sich in seiner Hosentasche. Die 10 Euro, die er mit Flaschenpfand zusammenbekommen hatte, hat er eingetauscht gegen das »Bubble«, ein kleines Säckchen mit 0,8 Gramm Heroin, das jetzt in seinem Rucksack liegt. Kein Geld für die Bahn. Also entweder durch den Regen oder … Michael sieht nach oben. Der Himmel ist voller Wolken. Es sieht nicht so aus, als ob es in den nächsten Stunden besser werden würde. Noch wenige Meter ist die Straßenbahn entfernt. Der Richter hatte ihm schon beim letzten Mal gesagt, dass er in den Knast muss, wenn er sich noch einmal beim Schwarzfahren erwischen lässt. Und das ist erst vier Wochen her. Die Straßenbahn hält. Mit einem hydraulischen Zischen öffnen sich die Türen der Bahn. Noch einmal blickt Michael nach oben. Dann steigt er kurzentschlossen ein. Bevor er sich setzt, mustert er die wenigen Fahrgäste. Einen Kontrolleur kann er nicht ausmachen. Michael wählt einen der freien Plätze. Nur vier

Stationen. Es wird schon gut gehen. Die Türen schließen sich und die Bahn setzt sich in Bewegung. Michael atmet durch. Die anderen Fahrgäste bleiben sitzen, kein Kontrolleur unter ihnen. Nach wenigen Minuten hält die Straßenbahn an der nächsten Haltestelle. Wieder öffnen sich die Türen und zwei große Männer in dunklen Jacken steigen ein, nur wenige Schritte von Michael entfernt. Sie bemerken Michael und gehen sofort auf ihn zu. Michael senkt den Kopf. Denn er hat die beiden erkannt. Mehr als nur einmal haben die Mitarbeiter der Straßenbahngesellschaft ihn kontrolliert und angezeigt. »Hallo Micha«, sagt der ältere der beiden grinsend. »Hast du dieses Mal einen Fahrschein?« Michael seufzt leise: »Scheiße. Nein.«

Erschleichen von Leistungen. Das ist der Name des Straftatbestandes, der in § 265a des Strafgesetzbuchs zu finden ist. Eingeführt wurde er 1935 als Auffangtatbestand zur Schließung von Strafbarkeitslücken nach einer Entscheidung des Reichsgerichts über einen Missbrauch von Münzfernsprechern – für die jüngeren Leser: Damit wurde telefoniert, bevor es Handys gab. Eine Freiheitsstrafe von bis zu einem Jahr oder Geldstrafe droht demjenigen, der die Leistung eines Automaten oder eines öffentlichen Zwecken dienenden Telekommunikationsnetzes, die Beförderung durch ein Verkehrsmittel oder den Zutritt zu einer Veranstaltung oder Einrichtung in der Absicht erschleicht, das Entgelt nicht zu entrichten. Nachdem Automaten in der Mechanik immer täuschungssicherer geworden sind, Veranstaltungen und Einrichtungen zunehmend von privaten Sicherheitsdiensten abgeschirmt werden und der Zugang zu Telekommunikationsnetzen durch die erhebliche Kostensenkung der vergangenen Jahre kaum noch einen Anreiz zur Strafbarkeit darstellt, beschränkt sich der Anwendungsbereich in der Praxis fast ausschließlich auf die Beförderungserschleichung. Daher betrafen bereits im Jahr 2017 von den registrierten Fällen des Erschleichens von Leistungen 98,7 Prozent die Beförderungserschleichung.[38] Auch aus diesem Grund hat sich für diese Art der Tatbegehung ein eigenes Wort etabliert, nämlich das auf das jiddische Wort »shvarts« (arm) zurückgehende sogenannte Schwarzfahren.

Haft für Schwarzfahrer?

Michael »Micha« M. sitzt auf der Anklagebank, kaum drei Meter von mir entfernt und macht ein zerknirschtes Gesicht. Es gleicht dem seines Rechtsanwalts, den ich Michael M. als Pflichtverteidiger bestellt habe. Und einen Pflichtverteidiger braucht er, denn im Falle einer Verurteilung drohen ihm Bewährungswiderrufe von weit mehr als einem Jahr – sämtlich Freiheitsstrafen wegen Erschleichen von Leistungen, die er in den vergangenen Jahren bei mir und meinen Kollegen angesammelt hat. Der junge Staatsanwalt verliest unbeeindruckt die Anklage.

»… wobei er von Anfang an beabsichtigte, das Fahrgeld nicht zu entrichten. Das ist ein Vergehen der Leistungserschleichung gemäß Paragraf 265a Absatz 1 Strafgesetzbuch.«

Der Staatsanwalt nimmt wieder Platz und ich belehre Michael M. über sein Recht zu schweigen. Michas Verteidiger ergreift das Wort. »Mein Mandant räumt den Tatvorwurf vollumfänglich ein.« Ich nicke und lasse die beiden Kontrolleure, die ich vorsorglich als Zeugen geladen habe, aufrufen. »Ihre Aussage wird nicht mehr be-

nötigt. Danke, dass Sie erschienen sind. Hatten Sie Fahrtkosten oder Verdienstausfall?« Die Männer schütteln den Kopf, verabschieden sich und verlassen den Saal. In der Tür dreht sich der ältere der beiden noch einmal zu Michael M. und flüstert: »Alles Gute Micha!« Der Junkie lächelt leicht und nickt dankbar. Einen Moment lang herrscht Stille im Raum.

»Mann, Micha«, entfährt es mir. »Wir haben uns doch erst vier Wochen vor dieser Tat gesehen. Ich habe doch erklärt, dass beim nächsten Mal eine Freiheitsstrafe ohne Bewährung rauskommt.«

Michael sieht mich an und nickt. »Ich weiß, Herr Richter.« Mehr sagt er nicht.

»Aber?«, frage ich in der Hoffnung, es käme eine weitere Erklärung.

»Nichts aber«, antwortet Michael. »Ich wusste, was passiert, wenn ich erwischt werde.«

Drei Minuten später verkünde ich das Urteil. Michael M. wird zu einer Freiheitsstrafe von vier Monaten verurteilt. Ohne Bewährung. Der Staatsanwalt hatte sechs gefordert und der Verteidiger drei, was ebenso vertretbar gewesen wäre. Micha nickt mir zu, als er den Gerichtssaal verlässt. Man würde nicht glauben, dass ich ihn gerade zu einer Freiheitsstrafe verurteilt habe, wenn man seine freundlichen Worte hört. »Danke, Herr Richter. Auf Wiedersehen! Bleiben Sie gesund!«

Insgesamt 55 852 Verurteilungen wegen Erschleichen von Leistungen erfolgten im Jahr 2019, davon waren 48 140 Täter Erwachsene und nur 7712 Jugendliche und Heranwachsende. Schwarzfahren ist nicht nur ein Jugenddelikt. Und obwohl die gesetzliche Höchststrafe nur ein Jahr Freiheitsstrafe beträgt und eine Verurteilung zu einer Geldstrafe die Regel ist, erfolgten 2730 Verurteilungen zu Freiheitsstrafen, davon wurden 1991 zur Bewährung ausgesetzt. Nur 739 Verurteilte erhielten keine Bewährungsstrafe. Diese Verurteilungen sind meistens die dritte oder vierte Freiheitsstrafe wegen Erschleichen von Leistungen. Regelmäßig weisen die Bundeszentralregisterauszüge eines Junkies neben Verstößen gegen das Betäubungsmittelgesetz und Diebstahlsdelikten auch Verurteilungen wegen Schwarzfahren auf. Auch bei Schwerstalkoholikern sind mehrfache Verurteilungen wegen Leistungserschleichung typisch. Nicht selten sammeln sie auf diese Weise mehrere Freiheitsstrafen an, die sämtlich zur Bewährung ausgesetzt werden, bis das Kartenhaus irgendwann doch zusammenbricht. Häufig hat eine Verurteilung eine ganze Reihe von Bewährungswiderrufen zur Folge, sodass plötzlich Freiheitsstrafen von mehr als zwei Jahren verbüßt werden müssen, nur weil eine kleine Verurteilung das Fass zum Überlaufen bringt.

Darüber hinaus sitzen jedes Jahr mehrere Tausend Schwarzfahrer deshalb in Haft, weil gegen sie eine sogenannte Ersatzfreiheitsstrafe vollstreckt wird, da sie die gegen sie festgesetzte Geldstrafe nicht zahlen können. Nach einigen Schätzungen machen Schwarzfahrer bis zu einem Viertel der Häftlinge aus, die eine Ersatzfreiheitsstrafe absitzen.

Vor einigen Jahren diskutierte ich die Situation mit einem Oberstaatsanwalt, der sich sehr für die Abschaffung der Beförderungserschleichung als Straftatbestand aussprach und die Meinung vertrat, man könnte daraus eine Ordnungswidrigkeit machen. Das hätte zur Folge, dass anstelle von Geld- und Freiheitsstrafen nur ein Bußgeld die Folge einer Schwarzfahrt wäre.

Dieselbe Auffassung wie der Oberstaatsanwalt vertrat und vertrete ich ebenfalls.

Eine Diskussion über die Entkriminalisierung der Beförderungserschleichung ist dringend (wieder) erforderlich. Nach dem gescheiterten Versuch, die Beförderungserschleichung im Rahmen des sechsten Strafrechtsreformgesetzes im Jahr 1998 aus der Vorschrift des § 265a Strafgesetzbuch auszuklammern, verschwanden diese Bestrebungen gänzlich wieder aus der öffentlichen Diskussion, obwohl ein Zusammenhang mit der Überlegung, den öffentlichen Personennahverkehr kostenlos zu gestalten, nicht von der Hand zu weisen sein dürfte.

Die bisher die Diskussion beherrschenden Gegner einer auf die Entkriminalisierung des Schwarzfahrens abzielenden Reform sehen eine durch eine Kapitulation vor der »Massenkriminalität« begründete Gefahr einer Erosion des Rechtsbewusstseins. Ob das Rechtsbewusstsein tatsächlich derartig leiden würde, wenn die Schwarzfahrt zwar nicht mehr mit Geld- oder Freiheitsstrafe, dafür aber mit einem Bußgeld geahndet werden würde, ist zweifelhaft. Auch vor dem Hintergrund, dass die Schadenshöhe in der großen Mehrzahl der Fälle deutlich unter 15,00 Euro liegt, ist es akzeptabel, die Schwarzfahrt insgesamt aus dem Strafgesetzbuch zu streichen.

Das wird teuer

Nach weiteren neun Monaten lag Michaels Akte erneut auf meinem Tisch. Die Berufungskammer des Landgerichts hatte die von mir verhängte Freiheitsstrafe noch einmal zur Bewährung ausgesetzt. Es sei »davon auszugehen, dass der Angeklagte sich zukünftig straffrei« verhalten werde, da die Berufungskammer eindringlich auf Michael M. eingewirkt und ihm vor Augen gehalten habe, was passiere, wenn er sich erneut strafbar mache. Diese »eindringliche« Einwirkung der Berufungskammer hielt ganze sechs Tage vor. Noch bevor die Akte wieder auf meinem Schreibtisch landete, beging Michael M. die nächste Straftat. Schwarzfahren. Natürlich. Dieses Mal in einem anderen Landgerichtsbezirk. Michael M. wurde zu einer Freiheitsstrafe von sieben Monaten ohne Bewährung verurteilt. Seine Berufung hatte keinen Erfolg. Die Kollegen der Berufungskammer in dem anderen Landgerichtsbezirk waren konsequenter. Daraufhin wurde die Bewährung auch in allen anderen Verfahren widerrufen. Hier drei Monate, dort fünf… insgesamt sind es 18 Monate offene Freiheitsstrafen, die jetzt zu den sieben Monaten hinzukommen. Mehr als zwei volle Jahre muss Michael »Micha« M. nun in den Knast. Wegen Schwarzfahren.

Ebenso wie die Frage der teilweisen Legalisierung von Cannabis-Produkten ist es dringend notwendig, erneut gesellschaftlich zu diskutieren, ob die »Schwarzfahrt«, die Beförderungserschleichung, aus dem Strafgesetzbuch ausgeklammert und entweder zur Ordnungswidrigkeit erklärt oder insgesamt dem Strafrecht entzogen und dem Zivilrecht überlassen werden soll. Ist das Unrecht einer Schwarzfahrt tatsächlich höher als das Unrecht beim Überfahren einer roten Ampel oder dem Entsorgen von Müll in der freien Natur? Die Gedanken, die zuletzt vor fast 25 Jahren angestellt worden sind, haben an Aktualität nicht verloren. Vielmehr wurden sie vor dem Hintergrund der immer öfter geführten Diskussion über die Einführung eines kostenlosen öffentlichen Personennahverkehrs verstärkt. Es bleibt zu hoffen, dass sich die neue Ampelkoalition mit dieser Frage kritisch auseinandersetzt. Über 55 000 Verurteilungen pro Jahr rechtfertigen es zweifellos, die Strafbarkeitsproblematik erneut zu überdenken.

Kapitel 8
Geld oder Leben?

§ 250 Strafgesetzbuch

–

Schwerer Raub

Good Morning V…

Dinslaken, 13. April 2014, 10 Uhr:

Wie an jedem Morgen schließt Yücsel B. die Eingangstür der Spielhalle »Valencia« am Rand der Altstadt auf. Dann betritt er den Eingangsbereich und schaltet das Licht ein. Yücsel B. mag die Frühschicht. Am Morgen ist es bedeutend ruhiger, nur selten kommen einige Stammkunden, um bereits einen Automaten zu befüllen. Der eigentliche Trubel beginnt erst am Nachmittag. Yücsel B. fährt den Zentralcomputer hoch, dann die einzelnen Spielautomaten. Anschließend geht er hinter den Tresen der Spielhalle und hängt seinen hellen Kapuzenpullover über die Lehne des Bürostuhls. Er nimmt das Handy aus der Hosentasche, um seiner Freundin eine Nachricht zu schreiben. Ein ganz normaler Morgen. Doch plötzlich wird die Ladentür aufgerissen und ein Mann mit einer schwarzen Skimaske stürmt auf Yücsel zu. Im Laufen zieht er eine schwarze Pistole aus der Innentasche seiner olivgrünen Jacke und hält sie Yücsel B. direkt vor das Gesicht.

»Wenn du schreist, bist du tot«, zischt er mit einer unangenehmen heiseren Stimme in gebrochenem Deutsch.

Yücsel spürt die Wirkung des Adrenalins, das durch seinen Körper gepumpt wird. Arme und Beine beginnen zu zittern, sein Mund ist trocken, das Blickfeld verengt sich zu einem schmalen Streifen. Yücsel B. ist unfähig, auf etwas anderes zu starren als auf den dunklen Lauf der schwarzen Pistole, die nur wenige Zentimeter vor sein Gesicht gehalten wird.

»Geh langsam rückwärts«, sagt die heisere Stimme. Yücsel will tun, was der Mann ihm befiehlt, doch es dauert einen Augenblick, bis sein Körper gehorcht. Mehr stolpernd als gehend bewegt sich Yücsel rückwärts, bis er mit dem Rücken gegen eine Türklinke stößt.

»Mach die Tür auf!«

Yücsel öffnet die Tür zu der kleinen Abstellkammer.

»Setz dich hin und streck die Arme aus.«

Yücsel setzt sich auf den Boden neben einen Putzeimer und hält dem Mann mit der Skimaske seine Hände entgegen. Ein Kabelbinder wird um Yücsels Handgelenke gelegt und zugezogen. Dann stößt der Mann mit der Skimaske die Tür zu. Yücsel B. bleibt in der Dunkelheit zurück.

In den Jahren 2017 und 2019 registrierte die Polizei jährlich mehr als 36000 Raubdelikte, darunter mehr als 2500 Taten, die gegen Geschäfte, Zahlstellen, Bank- und Postfilialen ausgeführt wurden, und annährend 500 Taten gegen Spielhallen und Tankstellen. Obwohl die Tendenz seit Jahren rückläufig ist, werden durchschnittlich an jedem Tag etwa 100 Raubdelikte in Deutschland begangen.

Auch die Justiz ist mit den Räubern gut beschäftigt. Im Jahr 2019 wurden an jedem Gerichtstag mehr als fünf Personen wegen Raubes und schweren Raubes verurteilt, insgesamt sind es 1375 Räuber. Jedoch erhielt weniger als die Hälfte der Täter (45 Prozent) eine Freiheitsstrafe von mehr als zwei Jahren – anders ausgedrückt: Mindestens fünf von zehn Räubern kommen mit einer Freiheitsstrafe davon, die zur Bewährung ausgesetzt werden kann. Und tatsächlich wurde in mehr als 75 Prozent dieser Fälle die verhängte Freiheitsstrafe zur Bewährung ausgesetzt.

So viel zu den Tätern. Beschäftigen wir uns an dieser Stelle noch ein wenig mit den Opfern der Taten. Das Strafgesetzbuch kennt Delikte ohne »klassisches« Opfer. Bei der typischen Leistungserschleichung, dem Fahren ohne Ticket, werden die Verkehrsbetriebe geschädigt, bei einem Kaufhausdiebstahl die Kaufhauskette. Ein einzelner Mensch in der Opferrolle fehlt hier. Bei anderen Delikten wie der bereits behandelten gefährlichen Körperverletzung und den Straftaten gegen die sexuelle Selbstbestimmung – Kindesmissbrauch, Missbrauch von Schutzbefohlenen usw. – ist das anders. Hier gibt es den einzelnen leidenden Menschen, das Opfer im klassischen Sinn. Auch jedes Raubdelikt hat mindestens ein solches Opfer. Im Jahr 2019 wurden mehr als 41 000 Männer und Frauen Opfer eines Raubdeliktes.[39]

Dass mir das passiert …

Auf der Anklagebank sitzt Roman M., 40 Jahre alt, polnischer Staatsangehöriger, ledig, mehrfach vorbestraft. Er hat bereits eineinhalb Jahre im Knast gesessen. Die Staatsanwaltschaft wirft ihm vor, innerhalb eines halben Jahres zweimal eine Spielhalle überfallen zu haben. Die zweite Tat schlug aufgrund der Gegenwehr eines Zeugen fehl. Roman M. musste fliehen und konnte kurze Zeit später festgenommen werden. Seitdem sitzt er in Untersuchungshaft.

Roman M. bestreitet die Taten. Er macht einen aggressiven Eindruck und behauptet, ihm sei vor ein paar Jahren ein Chip in den Nacken gepflanzt worden. Aber die Raubüberfälle habe er nicht begangen.

Der erste Zeuge wird aufgerufen, Yücsel B., Roman M.s erstes Opfer.

»Ich erkenne ihn eindeutig wieder«, sagt Yücsel B. und starrt den Angeklagten an, der kaum zwei Meter von ihm entfernt auf der Anklagebank neben seinem Verteidiger sitzt. »Es sind die Augen.« Nach einem Augenblick fügt Yücsel B. leise, fast flüsternd hinzu: »Und seine Stimme. Die habe ich bis heute nicht vergessen können.« Der Angeklagte schnaubt. Tatsächlich ist auch mir seine prägnante, unangenehme Stimme mit dem osteuropäischen Akzent sofort aufgefallen. Es ist eine Stimme, die ich noch Wochen nach dem Prozess im Ohr habe.

»Und wie geht es Ihnen heute?«, frage ich und blicke den Zeugen an.

Yücsel B. überlegt. »Es geht. Ich bin seitdem in psychologischer Behandlung. Nach diesem Tag … ich kann nicht mehr durch die Ladentür gehen. Ich habe es versucht. Ein paar Mal. Je näher ich der Tür komme … Erst zittern meine Hände, dann meine Beine, zum Schluss mein ganzer Körper. Und ich schwitze. Mein Mund ist trocken.« Yücsel B. macht eine Pause und senkt den Blick. Dann atmet er tief durch und lächelt traurig »Verrückt oder? Ich hätte nicht gedacht, dass mir das passiert.«

Im Anschluss an Yücsel B. wird der Zeuge Hakan G. vernommen. Er wurde das zweite Opfer, als Roman M. sechs Monate später erneut das Wettbüro überfiel. Hakan G. gelang es, Roman zu entwaffnen und die Polizei zu alarmieren. Am Tatort wurde die Tatwaffe sichergestellt, eine täuschend echt aussehende Softair-Pistole. Sie entspricht in Farbe und Modell der Waffe, die auch bei der ersten Tat verwendet wurde. Auch wird eine Perücke am Tatort sichergestellt, die der Zeuge Yücsel B. bei seiner polizeilichen Vernehmung wiedererkennt.

»Ich nehme seit diesem Tag Beruhigungstabletten. Täglich. Weil ich Panikattacken habe.« Hakan schüttelt den Kopf und lacht über sich selbst. »Dass mir das noch immer solche Probleme bereitet … wissen Sie, wenn ich allein im Laden bin … jedes Mal, wenn die Tür aufgerissen wird, zucke ich zusammen. Verstehen Sie? Jedes Mal.« Er sieht er den Angeklagten Roman M. an. »Jedes Mal.«

Die Folgen für das Opfer eines Raubes variieren erheblich und hängen sowohl von den Umständen der Tat als auch von der Persönlichkeit des Betroffenen ab. Einige Menschen leiden lebenslang unter den Folgen der Tat. Psychische Auswirkungen sind umso wahrscheinlicher, je brutaler und länger der Täter dem Opfer seinen Willen aufzwingt. Einige Tatopfer berichten nur von leichtem Unwohlsein, andere von Albträumen, Schlafstörungen und Panikattacken, die teilweise jahrelang psychologisch behandelt werden müssen. Auch aus diesem Grund sieht das Strafgesetzbuch für einen Raub (§ 249 des Strafgesetzbuchs) eine Freiheitsstrafe von mindestens einem Jahr vor. Führt der Täter eine Waffe oder ein gefährliches Werkzeug mit sich, ist das bereits ein schwerer Raub (§ 250 des Strafgesetzbuchs) und die Mindeststrafe erhöht sich auf drei Jahre.[40] Verwendet der Täter die Waffe oder das gefährliche Werkzeug sogar – in der Regel, um damit zu drohen –, beträgt die Strafe bereits mindestens fünf Jahre.[41]

Der bewaffnete Täter soll für seine Tat ins Gefängnis. Deshalb setzt das Strafgesetzbuch die Mindeststrafe so hoch an, dass eine Freiheitsstrafe nicht mehr zur Bewährung ausgesetzt werden kann. Denn eine Bewährung gestattet das Gesetz nur (§ 56 des Strafgesetzbuchs), wenn die Freiheitsstrafe zwei Jahre nicht überschreitet.

Ein großer Jagdschein

Ein knappes halbes Jahr, nachdem Roman M. zu einer Freiheitsstrafe von drei Jahren und sechs Monaten verurteilt wurde, hebt das Landgericht das Urteil auf und stellt das Verfahren ein. Es bestünden »erhebliche Zweifel hinsichtlich der Verhandlungsfähigkeit des Angeklagten«, der unter einer »paranoiden Schizophrenie« leide. Die Staatsanwaltschaft startet einen neuen Versuch und beantragt, Roman M. in einem psychiatrischen Krankenhaus unterzubringen. Diese Möglichkeit sieht das Gesetz etwa dann vor, wenn der Täter seine Tat im Zustand der Schuldunfähigkeit begangen hat und er für die Allgemeinheit gefährlich ist, weil von ihm weitere Taten zu erwarten sind, die ein Opfer seelisch oder körperlich erheblich gefährden. Über diesen Antrag verhandelt das Landgericht weitere vier Monate später. Seit der ersten Tat, bei der Yücsel B. das Opfer war, sind mittlerweile beinahe zwei Jahre vergangen.

Nach der Beweisaufnahme hat das Landgericht Zweifel daran, dass Roman M. den ersten Überfall, bei dem Yücsel B. das Opfer gewesen ist, ausgeführt hat. Zwar habe der Täter ebenso wie der Angeklagte bei der zweiten Tat eine schwarze Pistole, Kabelbinder und eine Baseball-Kappe zur Maskierung benutzt. Auch habe der Angeklagte eine ähnliche Statur wie der Täter, was auf den Bildern der Überwachungskamera ohne Weiteres zu erkennen ist. Weiterhin habe der Angeklagte bei der zweiten Tat eine schwarze Perücke bei sich geführt, wie sie auch der Täter bei der ersten Tat verwendet habe. Aber bei der Durchsuchung der Wohnung des Angeklagten ein halbes Jahr später habe die bei der ersten Tat getragene Kleidung – verschmutzte weiße Arbeitskleidung – nicht gefunden werden können. Auf die Idee, dass Roman M. die Kleidung, die er bei der Tat getragen hat, möglicherweise verschwinden ließ, hierfür hatte er immerhin sechs Monate Zeit, scheint das Landgericht nicht zu kommen. Auch der Zeuge Yücsel B. kann das Landgericht nicht überzeugen. Der Zeuge – so das Landgericht – könne nicht mehr erklären, weshalb er bei der polizeilichen Vernehmung so sicher gewesen sei, dass der Angeklagte der Täter sei. Angesichts des Umstandes, dass Yücsel B. seit dem Tattag verzweifelt bemüht war, die ihn psychisch extrem belastende Tat zu vergessen, ist dies nicht wirklich überraschend. Auf die prägnante Stimme des Angeklagten Roman M., die Yücsel B. bei seiner ersten Vernehmung wiedererkannt hat, geht das Landgericht nicht ein.

Hinsichtlich der zweiten Tat ist die Kammer des Landgerichts davon überzeugt, dass Roman M. der Täter war. Aber insoweit könne nicht festgestellt werden, dass Roman M. bei der Tat schuldunfähig oder vermindert schuldfähig gewesen sei. Bereits deshalb könne er nicht in einem psychiatrischen Krankenhaus untergebracht werden.

Die Entscheidung des Landgerichts: Roman M. wird freigelassen und für die Zeit seiner einstweiligen Unterbringung aus der Staatskasse entschädigt.

Viele Opfer von Gewaltdelikten berichten, dass sie durch den Rechtsbruch ihre soziale Orientierung verlieren. Es fehlt ihnen plötzlich die Fähigkeit, andere Menschen einzuschätzen, indem sie sich in sie hineinversetzen. Daher entwickeln sie ein starkes Misstrauen gegenüber allen ihnen unbekannten Personen und wirken diesen gegenüber ablehnend und manchmal sogar feindselig. Die Bestrafung des Täters durch die staatlichen Gerichte kann und soll auch diese soziale Orientierung wieder herstellen. Wird der Staat jedoch seiner Verantwortung, die er aufgrund des staatlichen Gewaltmonopols allein wahrnehmen darf, nicht gerecht, vertieft und verstärkt sich die psychische Verletzung, die das Opfer durch die Tat erlitten hat. Wenn Räuber deutschlandweit in nahezu der Hälfte der Fälle mit einer Freiheitsstrafe von maximal zwei Jahren davonkommen, die darüber hinaus noch in der überwiegenden Mehrzahl der Fälle zur Bewährung ausgesetzt wird, wird das Opfer nicht nur durch den Raub massiv psychisch beeinträchtigt, sondern ein weiteres Mal dadurch, dass der Staat seiner Verantwortung, für eine angemessene Bestrafung der Täter zu sorgen, nicht gerecht wird. Diese Vernachlässigung der Opfer potenziert sich, wenn – wie in dem Fall, der diesem Kapitel zugrunde liegt – das Gericht den Täter nicht nur mit einer milden Strafe, sondern ganz ohne jede Strafe davonkommen lässt, obwohl das Gericht im vorliegenden Fall davon überzeugt war, dass der Angeklagte die Tat begangen hat.

Leider hat sich in vielen Landgerichtsbezirken bei den Raubdelikten eine unangemessen milde Rechtsprechung verfestigt, die nicht nur dem Rechtsempfinden der Bevölkerung widerspricht, sondern auch dem deutlichen Willen des Gesetzgebers, der bereits bei einem einfachen Raub ohne Waffen eine Mindestfreiheitsstrafe von einem Jahr festgesetzt hat. Es liegt auf der Hand, dass diese verantwortungslose Entscheidungspraxis seitens der Staatsanwaltschaft nicht akzeptiert werden darf. Vielmehr sind die Staatsanwälte gehalten, hiergegen konsequent vorzugehen und regelmäßig den Rechtsmittelweg einzuschlagen. Da viele Vorsitzende der landgerichtlichen Strafkammern, wie bereits erläutert, zur Milde deshalb neigen, weil sie – berechtigterweise – erwarten dürfen, dass eher der Angeklagte als die Staatsanwaltschaft das Urteil nicht akzeptieren wird, kann ein solches konsequentes Vorgehen der Staatsanwaltschaft auf lange Sicht die Rechtsprechung wieder in angemessene Bahnen lenken. Wenn die Strafkammern sich nicht mehr darauf verlassen können, dass die Staatsanwaltschaften unangemessen geringe Strafen akzeptieren, fehlt ihnen der entsprechende Anreiz zu dieser Milde. Auch insoweit sollte ein einheitliches Vorgehen der Staatsanwaltschaft durch eine diesbezügliche Weisung des Landesjustizministers gewährleistet werden. Dies nicht zuletzt deshalb, damit einzelne Staatsanwälte einem Rechtsmittel nicht deshalb ausweichen, weil sie – zu Recht – befürchten, dass sich der ein oder andere gekränkte Richter zukünftig in der Zusammenarbeit noch schwieriger gestaltet. Selbstverständlich ist dieser Lösungsweg über das Weisungsrecht des Justizministers einfach und sofort umsetzbar. Er sollte jedoch nicht als ausreichende Ersatzlösung für die Beseitigung des eigentlichen Kernproblems angesehen werden und das ist erneut die unzureichende Auswahl der Richter, insbesondere die bewusst vernachlässigte Prüfung bestimmter charakterlicher Voraussetzungen der Bewerber.

Kapitel 9
Hängt ihn höher

§ 142 Strafgesetzbuch

—

Unerlaubtes Entfernen vom Unfallort

Ey Mann, wie is mein Auto?

Rüdiger B., 65 Jahre alt, kommt mit einem Einkaufswagen, in dem sich der Wocheneinkauf für ihn und seine Ehefrau befindet, aus der großen Tür des Supermarktes mit den vier Buchstaben. Langsam schiebt er die Einkäufe über den mit Schnee und Matsch beschmutzten Parkplatz. Der Wintereinbruch kam schneller als erwartet und hat viele Autofahrer überrascht. Doch Rüdiger B. hatte vorbildlich wie in jedem Jahr bereits vor zwei Wochen die Winterreifen auf den Kleinwagen ziehen lassen. Das Auto des Rentners steht in Parkreihe drei. Rüdiger B. öffnet den Kofferraum und ver-

staut die Einkäufe in den mitgebrachten Einkaufstaschen. Alles wirkt ganz gewöhnlich.

Dann schließt Rüdiger B. den Kofferraumdeckel und schiebt den Einkaufswagen durch den Matsch zurück zum Eingang des Supermarktes. Dem schwarzen Geländewagen, der hinter seinem Auto steht, schenkt der rüstige Rentner keine Beachtung. Nach kaum einer Minute kehrt Rüdiger B. zurück zu seinem Auto. Noch immer steht der schwarze Geländewagen hinter seinem Auto. Nur wenige Schritte entfernt. Alles wirkt ganz gewöhnlich.

Rüdiger B. öffnet die Fahrertür und setzt sich hinter das Steuer seines Kleinwagens. Er lässt den Motor an. Gleichzeitig schaltet sich auch das Autoradio ein und spielt einen Song aus den Achtzigerjahren. Rüdiger B. summt die Melodie leise mit. Welches Lied es war, daran kann sich der Rentner später nicht mehr erinnern. Rüdiger B. blickt in den Rückspiegel. Langsam setzt er das Fahrzeug zurück. Schnee und Matsch knirschen unter den Rädern, als sich der Wagen in Bewegung setzt. Rüdiger B. blickt über die rechte Schulter, während sein Fahrzeug langsam rückwärts rollt, genau auf die Front des schwarzen Geländewagens zu. Der schon an vielen Stellen zusammengepresste Schnee lässt selbst die kurze Strecke zu einer holprigen Fahrt werden. Rüdiger B. stoppt die Rückwärtsfahrt schließlich, legt den ersten Gang ein und fährt langsam von dem Parkplatz des Supermarktes herunter. Alles wirkt ganz gewöhnlich.

Etwa zehn Minuten später: Die automatische Tür des Supermarktes öffnet sich und ein großer, breitschultriger Mann mit kurzem Armeehaarschnitt und dunkler Lederjacke tritt heraus. Seine braunen Augen verengen sich zu Schlitzen, während er die Lage auf dem Parkplatz sondiert. Betont langsam holt er eine verspiegelte Sonnenbrille aus der Innentasche seiner Jacke hervor und setzt sie auf. Mit sicherem Schritt bewegt er sich durch die Reihen geparkter Fahrzeuge, direkt auf den schwarzen Geländewagen zu. Mit der linken Hand fasst er in die Tasche seiner schwarzen Hose und zieht einen Autoschlüssel hervor. Doch plötzlich verlangsamt sich sein Schritt. Der Nacken des Mannes versteift sich. Er bleibt stehen und nimmt die Sonnenbrille ab. Seine Augen sind starr, fixiert auf die Front des schwarzen Geländewagens. Wie aus dem Nichts ertönt ein markerschütternder Schrei. Deutlich neben dem Nummernschild des prächtigen Kraftfahrzeugs zerstört ein Kratzer von mindestens sieben Zentimeter Länge den in der Wintersonne herrlich glänzenden Lack. »Mein Auto!«, schluchzt Thomas M. »Wer war das?« Hilflos blickt er sich um.

Es gibt ein Verbrechen, das selbst dem stärksten Mann die Beine weghaut und ihn wie einen kleinen Jungen losheulen lässt: die Verletzung seines liebsten Kindes. Nein, ein Auto ist nicht einfach nur ein Auto! Zwischen hochpoliertem Lack und goldenen Felgen, zwischen beheizten Seitenspiegeln und 400 PS starkem V8-Motor existiert ein fühlendes Wesen. Ein Wesen, das Schmerz empfinden kann, das leidet wie du und ich. Für das ein Kratzer nicht nur eine kleine Vertiefung in der sonst planen Oberfläche des durch chemische und physikalische Vorgänge aufgebauten pulverförmigen Beschichtungsstoffs ist, sondern ein Zeichen für Schmerz, Leid und Demütigung. Kurz ein Wesen, dem man seelisch stärker verbunden ist, als der eigenen Ehefrau, mit dem man lacht in guten und leidet in schlechten Zeiten. Und das Mitleid des Mannes ist nachweislich schlimmer, wenn der Verursacher des Kratzers auch noch Fersengeld gibt und man(n) auf den Reparaturkosten sitzen bleibt.

Das unerlaubte Entfernen vom Unfallort. So lautet in der Juristensprache das, was der Volksmund Fahrerflucht nennt. Von etwa 400 000 Fällen ist für das Bundesgebiet jährlich auszugehen – die Dunkelziffer nicht mitgerechnet.[42] Das sind mehr als 1000 Fahrerfluchten an jedem einzelnen Tag! Die meisten Fälle, etwa 95 Prozent, sind Unfallfluchten mit reinem Sachschaden[43] und davon wiederum ein sehr großer Teil Unfälle außerhalb des fließenden Verkehrs, also der klassische Parkplatzunfall – so wie auch in dem eingangs geschilderten Fall.

Die Folgen einer Verkehrsunfallflucht sind nicht von Pappe: § 142 des Strafgesetzbuchs sieht eine Freiheitsstrafe von bis zu drei Jahren vor. Darüber hinaus drohen ein Fahrverbot gemäß § 44 des Strafgesetzbuchs oder schlimmer noch die Entziehung der Fahrerlaubnis nach § 69 des Strafgesetzbuchs. Und das unabhängig von der Frage, ob der Unfall zu einem reinen Sachschaden oder einem Personenschaden geführt hat. Nur völlig belanglose Schäden, nach der überwiegenden Rechtsprechung in einer Höhe zwischen 25 und 50 Euro, sollen von der Schutzfunktion des § 142 nicht umfasst sein. Und derartig geringe Schäden sind angesichts der immer höheren Werkstattkosten absolute Ausnahmen.

Sekt oder Selters?

Rüdiger B. sitzt neben seinem Verteidiger auf der Anklagebank und blickt mit großen Augen, ersichtlich eingeschüchtert zu Oberamtsanwalt F., dem heutigen Vertreter der Staatsanwaltschaft. Und der wirft dem Rentner vor, sich vorsätzlich von dem Parkplatz des

Supermarktes entfernt zu haben, obwohl er gewusst habe, dass er das Fahrzeug des Zeugen Thomas M. beschädigt hat.

»Aber ich habe doch gar nicht bemerkt, dass ich den Geländewagen berührt habe. Sonst wäre ich doch stehen geblieben und hätte die Polizei gerufen. Ich bin doch versichert.«

»Die Zeugin sagt da etwas anderes«, erwidert der Oberamtsanwalt kühl. »Nach ihren Angaben bei der Polizei haben Sie den Unfall sehr wohl bemerkt.«

Rüdiger B. schüttelt den Kopf. »Nein. Dann wäre ich doch ausgestiegen. Nachdem die Polizei bei mir gewesen ist, habe ich doch auch sofort meine Versicherung benachrichtigt.«

»Eben! Erst nachdem die Polizei bei Ihnen gewesen ist. Und nicht vorher!«, antwortet Oberamtsanwalt F. mit schnoddrigem Ton und lehnt sich lässig auf seinem Stuhl zurück.

»Ja natürlich. Vorher habe ich doch von dem Unfall nichts gewusst!« Rüdiger B. blickt rat- und hilflos zu mir.

»Dann hören wir uns doch jetzt erst einmal die Zeugen an«, sage ich mit beschwichtigender Stimme. »Wir fangen mit der Zeugin Hubert an.«

Frau Hubert, eine stabil gebaute Dame Ende 50, hatte Thomas M., den Eigentümer des beschädigten Geländewagens, auf dem Parkplatz des Supermarktes angesprochen. Sie habe den Unfall genau gesehen. Der Fahrer sei einfach abgehauen. Aber sie habe sofort die Nummer notiert. Gegenüber den von Thomas M. alarmierten Polizeibeamten hatte sie erklärt: »Ich bin sicher, dass der Fahrer den Unfall bemerkt hat. Das hat man doch gesehen. Und gehört.«

Jetzt sitzt Frau Hubert vor mir und schildert in allen Einzelheiten, was sie auf dem Parkplatz erlebt hat. »… und dann habe ich gesehen, wie der dunkelrote Wagen in den schwarzen Geländewagen hereingefahren ist. Das hat so ein Geräusch gemacht. So ›Krrks‹. Da habe ich mich erschreckt und umgedreht. Ich stand ja direkt neben dem Wagen und habe meine Einkäufe in den Kofferraum gepackt.«

»Moment«, unterbreche ich die Zeugin. »Haben Sie gesehen, wie der dunkelrote Wagen in den Geländewagen gefahren ist, oder haben Sie es nur gehört.«

Die Zeugin runzelt die Stirn. »Wie meinen Sie das, Herr Richter?«

»Sie sagten, es hätte ein Geräusch gegeben, dass Sie erschreckt hat. Und dann hätten Sie sich umgedreht …«

»Ja. Genau so war es. Ach so … Also gesehen habe ich das Fahrzeug erst, nachdem es das andere berührt hatte. Aber das Geräusch war eindeutig. Und dann ist der Mann auch noch langsam weggefahren. So als ob gar nichts passiert wäre.«

»Warum glauben Sie, dass er den Unfall bemerkt hat?«

»So etwas merkt man doch. Und hört man doch. Ich habe es ja auch gehört.«

»Haben Sie den Fahrer denn auf den Unfall aufmerksam gemacht? Laut gerufen oder ihm gewinkt?«

»Nein. Wer weiß, wie der reagiert hätte. Jemand, der einfach so wegfährt, nachdem er einen Unfall gebaut hat, dem ist doch alles zuzutrauen!«

Nach Frau Hubert wird Thomas M., der Fahrer des Geländewagens, vernommen. Er ist weitaus gelassener und milder gestimmt als vor einigen Monaten auf dem Parkplatz des Supermarktes. »… und die Versicherung des Herrn hat alles anstandslos gezahlt. Und er hat sich für die Unannehmlichkeiten, die ich hatte, entschuldigt.« Nach einem Augenblick fügt er hinzu: »Also für mich ist die Sache erledigt.«

»Bisher hat sich der Tatverdacht nicht erhärtet«, erkläre ich nach der Vernehmung der beiden Zeugen. »Vor allem Frau Hubert hat ihre Aussage bei der Polizei relativiert. Nach dem bisherigen Ergebnis der Beweisaufnahme ist nicht festzustellen, dass Herr B. den Unfall bemerkt hat. Und da er nicht vorbestraft ist und auch keine Eintragungen im Fahreignungsregister vorliegen …«

»Eine Verfahrenseinstellung kommt nicht in Betracht«, fällt mir Oberamtsanwalt F. ins Wort. »Ich beantrage die Einholung eines Sachverständigengutachtens.«

Der Eifer einiger Staatsanwaltschaften bei der Verfolgung einer vermeintlichen Unfallflucht ist beeindruckend. Ein beschädigter Außenspiegel wird oft schneller zum Gegenstand einer Anklage als ein paar ausgeschlagene Zähne, und der nicht vorbestrafte Rentner, der einen Kotflügel angekratzt hat, gnadenloser verfolgt als der halbstarke Kneipenschläger. »Sekt oder Selters« lautet die Devise, die bei vielen Amts- und Staatsanwälten die Ermittlungen bei der Unfallflucht prägt. Wird die Flucht einmal angeklagt, dann kommt nur eine Verurteilung infrage. Oder ein Freispruch. Keinesfalls jedoch eine Verfahrenseinstellung.

Dieser Verfolgungseifer trägt durchaus Früchte: Im Jahr 2019 standen in Deutschland mehr als 43 000 Personen wegen unerlaubten Entfernens vom Unfallort vor Gericht. Verurteilt wurden 31 874, im Schnitt also 87 Personen an jedem einzelnen Tag. Davon allerdings weniger als 2 Prozent zu einer Freiheitsstrafe. Die Verurteilung zu einer Geldstrafe stellt den absoluten Regelfall dar und betrug im Jahr 2019 in der überwiegenden Mehrzahl der Fälle, nämlich über 97 Prozent, nicht mehr als 90 Tagessätze. Zur Erinnerung: Eine Geldstrafe von nicht mehr als 90 Tagessätzen wird nicht in das Führungszeugnis eingetragen.[44]

Auf die Verurteilten kommen allerdings in den Verfahren wegen Verkehrsunfallflucht in vielen Fällen Gerichtskosten zu, die die ausgeurteilte Geldstrafe noch einmal deutlich übersteigen können. Dies gilt insbesondere dann, wenn ein Sachverständigengutachten eingeholt wird, um die Frage zu klären, ob ein Verkehrsunfall für den Fahrer des Unfallfahrzeugs überhaupt bemerkbar gewesen ist. Diese Gutachten können leicht Kosten jenseits der 2000 Euro verursachen.

Außer Spesen …

Vier Monate, nachdem Oberamtsanwalt F. die Einholung eines Sachverständigengutachtens beantragt hat, sitzen wir wieder im Gerichtssaal des Amtsgerichts: Herr B. und sein Verteidiger, Thomas M., Frau Hubert und ich. Nur Oberamtsanwalt F. vertritt heute nicht die Anklage, sondern eine junge Amtsanwältin. Nach einer erneuten Vernehmung der Zeugen und der Verlesung des Sachverständigengutachtens stellen die Amtsanwältin und der Verteidiger ihre Anträge. Und Rüdiger B. erhält das letzte Wort. Ich lasse die Anwesenden nicht lange auf meine Entscheidung warten, sondern stehe nur einen kurzen Augenblick später auf, um mein Urteil zu verkünden. Die übrigen Anwesenden erheben sich ebenfalls von ihren Plätzen.

»Im Namen des Volkes ergeht folgendes Urteil: Der Angeklagte wird freigesprochen. Die Kosten des Verfahrens und die notwendigen Auslagen des Angeklagten trägt die Landeskasse.«

Obwohl Rüdiger B. nach der heute durchgeführten Beweisaufnahme, insbesondere nach der Verlesung des Sachverständigengutachtens, mit diesem Ergebnis rechnen durfte, atmet er erleichtert auf. Wahrscheinlich kennt auch er den alten Spruch: Vor Gericht und auf hoher See …

»… und ferner führt der Sachverständige Bollmann aus, dass sowohl infolge der deutlichen Geräusche, die durch den Druck der Räder auf das Gemisch von Schnee und Matsch entstehen, sowie auch durch das eingeschaltete Radio, das nur leichte Anstoßgeräusch im Fahrzeuginneren nicht ohne Weiteres bemerkt werden musste«, begründe ich meine Entscheidung. »Aufgrund der äußert geringen Geschwindigkeit und des bereits unmittelbar vor der Kollision eingeleiteten Bremsvorgangs in der Rückwärtsbewegung konnte der Sachverständige ebenfalls nicht feststellen, dass der Angeklagte den Anstoß taktil wahrnehmen musste, zumal die Rückwärtsbewegung des Fahrzeugs auf dem infolge der Ansammlung von Schnee und Schneematsch unebenen Parkplatz ohnehin nicht gleichförmig gewesen ist. Abschließend erklärt der Sachverständige, dass nicht festgestellt werden kann, dass der Anstoß für den Fahrer taktil, akustisch oder optisch wahrnehmbar gewesen ist. Das Gericht schließt sich den Ausführungen des Sachverständigen Bollmann an.«

Die junge Amtsanwältin, die heute die Anklage vertreten und ebenso wie der Verteidiger den Freispruch des Angeklagten beantragt hat, packt ihre Sachen zusammen und spricht laut aus, was sie denkt: »Warum ist das Verfahren nicht nach dem ersten Termin vor vier Monaten eingestellt worden? Das hätte dem Staat einige Tausend Euro ersparen können.«

Ich nicke zustimmend. »Fragen Sie das bitte Ihren Kollegen!«

Bei kaum einem anderen Massendelikt ist das Verhältnis von Kosten im Ermittlungsverfahren und Strafmaß so unausgewogen wie bei der Verkehrsunfallflucht. Auch deshalb ist die Überlegung gerechtfertigt, den Straftatbestand zu reformieren. Hierfür gibt es verschiedene Ansätze, wobei ein Blick in die anderen europäischen Länder hilfreich sein kann. Ausländische Regelungen differenzieren regelmäßig zwischen der Frage, ob ein Personen- oder ein reiner Sachschaden vorliegt. Im letzteren Fall wird zum Beispiel in Italien, Österreich und Spanien die Verletzung der Meldepflicht nur als bloße Ordnungswidrigkeit geahndet, Dänemark sieht ausschließlich eine Geldstrafe vor, Belgien eine Gefängnisstrafe von höchstens sechs Monaten.

Ein anderer Ansatz wäre die Einführung eines Strafantragserfordernisses. In den meisten Fällen ist den Interessen des Geschädigten bereits dann Genüge getan, wenn die Versicherung des Unfallverursachers den Schaden beglichen hat. Wie auch im obigen Beispielsfall haben die wenigsten Menschen noch das Bedürfnis, dass der Unfallfahrer auch strafrechtlich belangt wird. Auch eine Kombination von Antragserfordernis und Unterscheidung zwischen Personen- und Sachschaden ist denkbar, etwa dergestalt, dass bei Personenschäden stets, bei Sachschaden nur mit Strafantrag Ermittlungen eingeleitet werden.

Bei dem Wort Fahrerflucht haben die meisten Menschen unwillkürlich ein Bild vor Augen, von dem angetrunkenen Fahrer, der nach einem Unfall das angefahrene Opfer, einen Radfahrer oder Fußgänger, blutend und mit großen Schmerzen im Straßengraben zurücklässt. Kaum jemand wird die Auffassung vertreten, dass die Justiz gegenüber dieser Art von Täter eine zu große Härte zeigt. Fahrerflucht – oder besser: unerlaubtes Entfernen vom Unfallort – das ist aber auch, und zwar im Regelfall, der kleine Parkplatzunfall mit leichtem Lack- oder Blechschaden, bei dem sich der Fahrer des Unfallwagens entfernt. Ob auch dieser Fahrer die ganze Härte des Gesetzes und dieselbe ungeteilte Aufmerksamkeit der Strafverfolgungsbehörden verdient, ist eine Frage, mit der sich der Gesetzgeber dringend befassen sollte.

Kapitel 10
Fast and Furious

§ 315d Strafgesetzbuch

–

Verbotene Kraftfahrzeugrennen

Das schafft der nie!

»Komm her, Paula! Wo bist du denn?« Gerd P. leuchtet mit einer Taschenlampe in das Unterholz des Waldes, der so nah an der Straße noch nicht sehr dicht ist. Einer der Büsche raschelt und wackelt und ein Golden Retriever springt hervor, einen fingerdicken Stock im Maul.

»Nein, Paula! Es ist zu spät zum Stöckchenwerfen. Komm«, sagt Gerd P. und befestigt die Leine wieder an dem roten Hundehalsband. Dann geht er weiter den Weg für Radfahrer und Fußgänger entlang, der durch einen schmalen Grünstreifen von der Straße

getrennt ist. Mit der Taschenlampe leuchtet er auf seine Armbanduhr. Schon nach elf. Um diese Zeit ist es ruhig und friedlich auf den Straßen geworden, vor allem hier am Rand der kleinen Stadt. Auf der einen Seite der Straße liegt der dichte Mischwald und auf der anderen ein Teil des örtlichen Industriegebiets. Aber auch um die mächtigen grauen Wellblechhallen herrscht zu so später Stunde längst Ruhe. Plötzlich hört Gerd P. das Quietschen von Reifen und aufheulende Motoren. Noch weit entfernt, aber die Motorgeräusche werden lauter. Gerd P. blickt über seine rechte Schulter zurück. Einige Hundert Meter entfernt sieht er die Scheinwerfer von zwei dicht hintereinanderfahrenden Autos, die aus einer langgezogenen Kurve auf die Industriestraße fahren und offenbar stark beschleunigen.

»Paula! Komm her!« Instinktiv nimmt Gerd P. seinen Golden Retriever am Halsband und zieht ihn dicht neben sich. Die Autos kommen schnell näher und beschleunigen weiter, was Gerd P. an den Motorengeräuschen gut erkennen kann. Plötzlich setzt das hintere Fahrzeug zum Überholen an. Es fährt auf die Gegenspur, wird schneller und setzt sich neben das andere Auto. Doch auch der andere Fahrer tritt noch einmal aufs Gas, will seinen knappen Vorsprung nicht verlieren.

Wie gebannt starrt Gerd P. auf die heranfliegenden Fahrzeuge und hält verkrampft das Halsband des Golden Retrievers fest. Kurz bevor die Autos seine Höhe erreichen, liegt eine Verkehrsinsel. Doch das überholende Fahrzeug bleibt auf der Gegenfahrbahn und fährt links an der Insel vorbei. Als die Fahrzeuge Gerd P.s Position passieren, spürt er den Fahrtwind, die Druckwelle, die die Fahrzeuge vor sich herschieben. Gerd P. blickt den Fahrzeugen nach. Er kennt die Strecke gut. Ein paar Hundert Meter weiter macht die Straße eine scharfe Rechtskurve. Das Fahrzeug auf der Gegenfahrbahn bricht den Überholvorgang ab und bremst stark. Aber der Fahrer des anderen Autos lässt den Fuß auf dem Gaspedal und tritt voll durch.

»Das schafft der nie!«, denkt Gerd P. und muss hilflos zusehen, wie der Fahrer seinen Fehler zu spät bemerkt und das Lenkrad zu spät und viel zu scharf einschlägt. Das Heck des Fahrzeugs bricht aus und der Wagen rutscht über die Gegenfahrbahn und den Grünstreifen, mäht einen Leitpfosten um, fliegt über den Radweg hinweg und bleibt erst nach einer weiteren Schleuderbewegung etwa 30 Meter weiter auf einem gepflügten Acker stecken.

Geistesgegenwärtig zieht Gerd P. sein Handy aus der Innentasche der Jacke und wählt den Notruf.

»… bitte kommen Sie schnell!«, sagt er, nachdem er dem Polizeibeamten die Lage geschildert hat. »Ich weiß nicht, ob jemand verletzt worden ist.«

Noch während Gerd P. das Handy wieder in der Jackentasche verstaut, rennt er in Richtung der Unfallstelle. Mittlerweile sind zwei weitere Fahrzeuge dort und auch das Auto, dessen Fahrer kurz zuvor noch versucht hatte, den Unfallwagen zu überholen. Doch als Gerd P. die Stelle erreicht, ist auch der Fahrer des verunglückten Autos bereits ausgestiegen und betrachtet den Schaden an seinem Fahrzeug, einen tiefergelegten Audi A3 mit über 250 PS. Gerd P. atmet erleichtert auf. Wenn sich der junge Mann schon wieder um sein Auto sorgt, kann ihm glücklicherweise nicht viel passiert sein.

»Mein Auto. Fuck. Mein Auto!«, jammert der junge Fahrer lautstark.

»Sei froh, dass du nicht tot bist!«, ruft Gerd P. ihm zu.

»Fresse! Verpiss dich Alter!«, rufen ihm die anderen jungen Leute zu, die offensichtlich den verunglückten Fahrer gut kennen.

Doch Gerd P. bleibt an Ort und Stelle. Wenige Minuten später hört er Sirenen und sieht die blauen Lichter auf den beiden Polizeifahrzeugen, die schnell näherkommen.

Auf Initiative des Bundesrats wurde im Jahr 2017 ein neuer Straftatbestand in § 315d des Strafgesetzbuchs geschaffen: verbotene Kraftfahrzeugrennen. Vorausgegangen waren mehrere Autorennen auf deutschen Straßen, bei denen Passanten schwer verletzt oder sogar getötet wurden. Vor allem die Raser-Fälle von Köln und Berlin aus den Jahren 2015 und 2016 erregten großes Interesse in den Medien.

Im April 2015 lieferten sich zwei junge Männer in der Kölner Innenstadt ein Rennen, bei dem Geschwindigkeiten von mehr als 95 Stundenkilometern erreicht wurden. Als einer der Männer die Kontrolle über sein Fahrzeug verlor, geriet er auf den Fahrradweg und erfasste dort eine 19-jährige Studentin auf ihrem Fahrrad. Die junge Frau starb an den schweren Verletzungen.

Anfang Februar 2016 rasten zwei junge Männer nach Mitternacht mit bis zu 170 Stundenkilometern über den Berliner Kurfürstendamm in der City West. Einer der beiden rammte einen Jeep, der 70 Meter durch die Luft geschleudert wurde. Der 69-jährige Fahrer des Jeeps verstarb noch an der Unfallstelle.

Obwohl Kraftfahrzeugrennen bereits vor der Einführung des § 315d Strafgesetzbuch nach der Straßenverkehrsordnung unzulässig waren, entfaltete die bisherige Einstufung als bloße Ordnungswidrigkeit mit der Möglichkeit, ein Bußgeld zu verhängen, keine ausreichende abschreckende Wirkung.[45] Nunmehr droht § 315d Strafgesetzbuch eine Freiheitsstrafe von bis zu zwei Jahren an. Der Qualifikationstatbestand des Absatzes 2 sieht bei einer Gefährdung von Leib und Leben sogar eine Freiheitsstrafe von bis zu fünf Jahren vor. Verursacht der Täter den Tod oder eine schwere Gesundheitsschädigung eines anderen Menschen oder eine Gesundheitsschädigung einer großen Zahl von Menschen, beträgt die Mindeststrafe bereits ein Jahr und die Höchststrafe sogar zehn Jahre Freiheitsstrafe. Ferner soll bei einer Verurteilung nach § 315d Strafgesetzbuch die Entziehung der Fahrerlaubnis nach § 69 des Strafgesetzbuchs die Regel sein.

Weg ist der Lappen (?)

Gerd P. sitzt auf dem Stuhl mit der blauen Rückenlehne in der Mitte des Gerichtsaals und schildert den Unfall, der mittlerweile fast vier Monate zurückliegt. Der Angeklagte Justin D., bereits einmal wegen Nötigung im Straßenverkehr aufgefallen, schaut ihn finster an.

»Ich habe noch gedacht: ›Das schafft der nie!‹ Die Kurve ist da ziemlich scharf, wissen Sie, ich fahre da immer eher 45 als 50.« Gerd P. macht eine kurze Pause, bevor er fortfährt: »Erst später ist mir bewusst geworden: Hätte sich mein Hund nicht vorher einige Minuten in den Büschen rumgetrieben … Wir hätten genau an der Stelle sein können, wo der Wagen dann in das Feld geflogen ist. Der hätte uns glatt umgemäht.«

Nachdem der Zeuge Gerd P. den Zeugenstand verlassen hat, wird Kevin H. aufgerufen. Er fuhr in der Unfallnacht das andere Fahrzeug, einen frisierten VW Golf, tiefergelegt, 215 PS, und hatte der Aussage des Zeugen Gerd P. zufolge kurz vor dem Unglück versucht, den Angeklagten zu überholen.

»Nein, Herr Richter. Wir sind doch kein Rennen gefahren! So etwas würden wir niemals tun! Wir sind ganz normal die Straße entlanggefahren. Vorschriftsmäßig!«, erklärt Kevin H. und ist sichtlich bemüht, ein unschuldiges Gesicht zu machen.

»Der Zeuge Gerd P. hat ausgesagt, Sie seien eine Zeit lang auf der Gegenfahrbahn neben dem Angeklagten gefahren. Stimmt das?«

»Was? Ach so … ja … kann schon sein.«

»Und warum?«

Kevin H. sucht nach einer Antwort. Es dauert ein wenig, bis er davon überzeugt ist, eine gute Erklärung gefunden zu haben.

»Jetzt weiß ich es wieder: Mir war aufgefallen, dass der Justin ein klein wenig zu schnell fährt. Also höchstens 55 oder so. Und da die Straße noch ein bisschen feucht gewesen ist, wollte ich ihn warnen. Deshalb bin ich neben ihn gefahren und habe ihm winken wollen. Damit er langsamer fährt.«

Manchmal erfordert es große Beherrschung, bei einer Zeugenaussage nicht laut zu lachen.

»Ach so. Und warum haben Sie nicht die Lichthupe benutzt? Oder einfach gehupt?«

Kevin H. sieht mich mit großen Augen an.

»Ja … also … ach ja, genau … es war ja schon spät. Ich wollte niemanden mit der Hupe stören.«

»Sie waren doch auf einer Straße im Industriegebiet unterwegs. Da wohnt niemand. Und mit der Lichthupe hätten Sie auch keinen Lärm gemacht.«

»Was? Ach so … ich … ähm … genau: Ich hatte Sorge, dass ich den Justin erschrecke, wenn ich hupe.«

»Aber Sie hatten keine Sorge, dass er sich erschreckt, wenn Sie neben ihm auf die Gegenfahrbahn fahren?«

Kevin H. weiß nicht, was er antworten soll, und zieht es erfreulicherweise vor, zu schweigen und stattdessen mit den Schultern zu zucken.

Das Gericht muss zwar die Zeugen hören, ihnen aber nicht glauben.

Justin D. wird wegen verbotenen Kraftfahrzeugrennens verurteilt. Ihm wird die Fahrerlaubnis entzogen und eine Sperrfrist von zwei Jahren festgesetzt. Vorher darf er keine neue Fahrerlaubnis erwerben. Aber das letzte Wort …

Insgesamt erfolgten im Jahr 2019 nur 533 Verurteilungen wegen verbotenem Kraftfahrzeugrennen. Das ist nicht viel. Zum Vergleich: Wegen Straßenverkehrsgefährdung durch Trunkenheit im Verkehr gemäß § 315c des Strafgesetzbuchs wurden in demselben Zeitraum 12 094 Personen verurteilt, also 23-mal so viele. Und das, obwohl allein die Polizei in Nordrhein-Westfalen bereits im Jahr 2018 mehr als 470 verbotene Kfz-Rennen verfolgte. Doch die Rechtsprechung verhält sich sehr zurückhaltend, was auch ein Blick in die Statistik bestätigt: Freiheitsstrafen wurden bei den Verurteilungen wegen verbotenen Kraftfahrzeugrennens in weniger als 6 Prozent der Fälle verhängt, Freiheitsstrafen ohne Bewährung in nur 1 Prozent.[46] Und selbst bei den sogenannten strafrechtlichen Nebenfolgen, also vor allem der Entziehung der Fahrerlaubnis des Täters gemäß § 69 Strafgesetzbuch, halten sich die Gerichte zunehmend zurück. Nachdem die Entziehungen der Fahrerlaubnis sowie die Anordnungen einer isolierten Sperrfrist für die Erteilung einer Fahrerlaubnis, falls der Täter keine Fahrerlaubnis hatte, im Jahr 1980 mit über 194 000 Anordnungen ihren bisherigen Höchststand erreichten, sank diese Zahl seit dem Ende der Neunzigerjahre bis zum Jahr 2017 kontinuierlich auf nur noch 90742 Anordnungen ab.[47]

Mieses Karma

Ein halbes Jahr nachdem Justin D. von dem Amtsgericht verurteilt worden ist, spricht mich Oberamtsanwältin E. in einer Sitzungspause an.

»Erinnern Sie sich noch an das Rennen auf der Industriestraße? Der junge Mann, der die Kurve nicht mehr gekriegt hat und in den Acker fuhr?«

Nach einem kurzen Moment erinnere ich mich an den Fall. Vor allem die ebenso blöden wie lustigen Ausreden des Zeugen Kevin H. waren mir noch gut im Gedächtnis.

»Ja. Was ist damit?«

»Die Sache ist vergangenen Freitag eingestellt worden. In der Berufung. Von Richter B.«

»Eingestellt?«

»Ja. Richter B. hat signalisiert, er finde die Geschichte von Kevin H. sehr glaubhaft. Dann hat er gesagt, wenn die Staatsanwaltschaft einer Einstellung nicht zustimmt, würde er den Angeklagten freisprechen.«

»Mal abgesehen davon, dass dies rechtlicher Unfug ist: Welcher Staatsanwalt hat denn der Einstellung zugestimmt?«

»Ein junger Kollege. Richter B. hat ihn wohl ziemlich überrumpelt«, versucht die Oberamtsanwältin ihren Kollegen zu entschuldigen.

»Das heißt also, dass Justin D. weiter mit seinem Schlitten rumheizen darf?«

Die Oberamtsanwältin zuckt mit den Schultern und nickt mit resigniertem Blick.

Nur ein paar Monate später wird Justin D. bei einem schweren Verkehrsunfall nicht unwesentlich verletzt. Er hatte die Kontrolle über sein Fahrzeug in einer Kurve verloren. Ob es anlässlich eines weiteren Autorennens war, ist mir nicht bekannt.

Es darf nicht vergessen werden, dass § 315d Strafgesetzbuch vor dem Hintergrund geschaffen wurde, dass bei verbotenen Autorennen mit Todesopfern die Gerichte häufig nur Freiheitsstrafen mit Bewährung ausgesprochen haben. Erst die deutlichen Worte des Bundesgerichtshofs im Sommer 2017 in dem Revisionsverfahren zu dem bereits erwähnten Raser-Prozess aus dem Jahr 2015 vor dem Landgericht Köln wirkten dieser laxen Rechtsprechungspraxis entgegen. Der Bundesgerichtshof erklärte, die Richter des Landgerichts Köln hätten bei ihrer Entscheidung nicht berücksichtigt, wie sich eine Bewährung auf das allgemeine Rechtsempfinden der Bevölkerung auswirken würde. Tatsächlich ist der neu geschaffene § 315d Strafgesetzbuch eine Umsetzung der gesellschaftlichen Auffassung, dass ein Kraftfahrzeugrennen im öffentlichen Straßenverkehr aufgrund der damit verbundenen erheblichen Gefahren mit empfindlichen Freiheitsstrafen geahndet werden muss und ebenfalls die Entziehung der Fahrerlaubnis zur Folge haben soll. Die große Zurückhaltung der Rechtsprechung bei der konsequenten Anwendung dieser strafrechtlichen Bestimmungen widerspricht daher der klaren Auffassung des einzigen Souveräns in Deutschland:

dem Bürger. Und wenn der Richter seiner Verantwortung diesem Souverän gegenüber nicht gerecht wird, ist es die Aufgabe der Staatsanwaltschaft, dem entschieden entgegenzutreten. Natürlich kann auch insoweit eine Weisung der Landesjustizminister schnell und einfach für Abhilfe sorgen. Dies würde auch der bereits in den vorhergehenden Kapiteln angesprochenen Gefahr entgegenwirken, dass einzelne Staatsanwälte aus der Sorge, es sich nicht mit den entsprechenden Richtern verderben zu wollen, die lasche Rechtsprechungspraxis weiterhin akzeptieren. Es soll auch an dieser Stelle nicht verschwiegen werden, dass mit diesem Lösungsweg nicht etwa der Kern des Problems beseitigt würde, der in der unzureichenden Richterauswahl zu finden ist. Es handelt sich daher nur um eine Schadensbegrenzung und nicht um eine Behebung der Schadensursache.

Kapitel 11
Total Recall

Aufenthaltsgesetz
BtMG

Habt ihr was?

Das Mädchen ist erst 13, höchstens 14 Jahre alt. Ein typischer Teenie. Ein bisschen Lippenstift und Make-up. Die ersten gescheiterten Versuche, erwachsener auszusehen. Die beiden Männer, denen sie jetzt gegenübersteht, sind etwa 15 Jahre älter. Sie stammen aus Neuguinea. Erst seit einigen Monaten befinden sie sich in Deutschland. Oder besser: wieder in Deutschland. Sie erhalten Unterstützungsgeld. Und verdienen sich etwas hinzu. Indem sie Drogen verkaufen. In einem städtischen Park.

»Hallo, habt ihr was?«, fragt das Mädchen den Kleineren der beiden.

»Wie viel?«, fragt der Mann und blickt sich einmal um. Die Luft ist rein.

»Für nen Zehner«, antwortet die Kleine und holt einen gefalteten 10-Euro-Schein aus der Tasche.

Der Mann nickt und nimmt das Geld mit der linken Hand. Dann fasst er mit der rechten Hand in seine Hosentasche und holt ein kleines Druckverschlusstütchen heraus, in dem die grün-braunen Knöllchen liegen. Die Kleine nimmt das Tütchen und verschwindet.

Fünf Minuten später kommt ein junger Mann Mitte 20 auf die beiden zu. Blaue Jeans, altes Sweatshirt. Die beiden kennen ihn. Er hat schon ein paar Mal Gras von ihnen gekauft.

»Hallo! Für wie viel willst du heute?« Dieses Mal führt der Größere der beiden Männer das Wort.

»Für 30«, antwortet der Mann in dem Sweatshirt.

Der Größere der beiden Dealer greift in die Innentasche seiner Jeansjacke und holt drei kleine Tütchen mit dem gleichen Inhalt hervor, den vor einigen Minuten das junge Mädchen erworben hat. Geld und Marihuana wechseln den Besitzer.

»Hast du noch was Mohammad?«, fragt der Kleinere der beiden Männer seinen Kollegen, nachdem der Mann mit dem Sweatshirt wieder verschwunden ist.

»Nur noch zwei Tütchen. Und du Ali?«

»Nichts mehr. Gehst du holen?«

Mohammad H. nickt, dreht sich um und verschwindet zwischen ein paar Büschen am Rande des Parkwegs. Ein paar Meter weiter bleibt er stehen und blickt sich verstohlen um. Dann geht er in die Hocke und hebt ein Grasbüschel an, an dem noch etwas Erde hängt. Darunter, in einem kleinen Erdloch, befindet sich eine Einkaufstüte. Bunker nennen Rauschgiftfahnder so ein Versteck. Mo-

hammad holt die Einkaufstüte hervor und greift hinein. Insgesamt 15 kleine Tütchen mit einer Druckverschlussleiste holt er hervor. In jedem befindet sich ein Gramm Marihuana. Gegenwert insgesamt 150 Euro. Mohammad verstaut die Tütchen in seinen Taschen. Dann legt er die Einkaufstüte zurück in die Grube und platziert das Grasbüschel sorgfältig darüber.

»Nur noch 15«, sagt er, als er wieder bei Ali angekommen ist.

Ali nickt. »Tag war gut.«

Fast 200 Meter weiter senkt Kriminalhauptkommissar Nilson das Teleobjektiv. »Der Tag war gut«, sagt er zu seinem Kollegen, Hauptkommissar Thomas, der neben ihm auf dem Beifahrersitz des unauffälligen Kleinwagens sitzt. Der nickt und hebt das kleine Sprechfunkgerät zum Mund. Langsam drückt er die Sprechtaste an der Seite: »Zugriff.«

Kaum eine Debatte wird so hitzig geführt wie die über Migrationspolitik. Von »Grenzen dichtmachen« und »alle abschieben« bis zu »wir bekommen Menschen geschenkt« und »alle sollen zu uns kommen« reichen die an Dummheit und Weltfremdheit kaum zu überbietenden Parolen der gegensätzlichen extremen Ansichten.

Gegenstand dieses Kapitels soll nicht die verfehlte und kurzsichtige Migrationspolitik der vergangenen Jahre sein, sondern nur der Teilbereich, der die Tätigkeit des Strafrichters immer wieder berührt: die kriminellen Zuwanderer.

Sind es wirklich alles Verbrecher, die da über den Land-, See- und Luftweg zu uns kommen? Eine Einwanderung der Straftäter aller Welt? Einigen Medienberichten und den Aussagen gewisser Politiker zufolge ist es so. Doch die Tatsachen, vor allem die

Zahlen der Polizeilichen Kriminalstatistik, bestätigen diese Behauptung nicht:

Im Jahr 2019 gab es 151 009 tatverdächtige Zuwanderer (Zuwanderer sind nach der Definition der Polizeilichen Kriminalstatistik Personen, die als Angehörige eines Nicht-EU-Staates in das Bundesgebiet einreisen, um sich hier aufzuhalten), davon 129 661 Männer (also mehr als 85 Prozent), die meisten im Alter von 21 bis 40 Jahren. Und damit beträgt der Anteil der Zuwanderer an den insgesamt 2 019 211 Tatverdächtigen im Jahr 2019 etwa 7,5 Prozent. Selbst dann, wenn man die ausländerrechtlichen Verstöße, insbesondere die Straftaten nach dem Ausländergesetz, bei der Gesamtzahl der Tatverdächtigen unberücksichtigt lässt, beträgt der Anteil der Zuwanderer nicht mehr als etwa 8 Prozent. Auffällig hoch ist allerdings der Anteil der Zuwanderer an den Tatverdächtigen bei den Straftaten gegen die sexuelle Selbstbestimmung (Vergewaltigung, sexuelle Nötigung usw.) mit 15,2 Prozent, den Raubdelikten mit 14,7 Prozent und der gefährlichen Körperverletzung mit 14 Prozent, also den Delikten, die es besonders häufig in die Medien schaffen.[48] Bei den Rauschgiftdelikten befinden sich etwa 7,8 Prozent Zuwanderer unter den Tatverdächtigen.

Diese Zahlen lassen folgende Rückschlüsse zu:

Erstens verhält sich die ganz überwiegende Zahl der registrierten 1 800 000 Schutzsuchenden in der Bundesrepublik Deutschland nicht gesetzeswidrig.

Zweitens missbraucht ein nicht zu vernachlässigender Teil der Zuwanderer den Schutz, den ihnen die Bundesrepublik Deutschland bietet, um Straftaten zu begehen, und nimmt dadurch nicht nur anderen Schutzsuchenden, die – wie die ganz überwiegende Mehrheit der Flüchtlinge – hier friedlich und gesetzestreu leben möchten, den Platz weg, sondern schadet darüber hinaus dem Ansehen der Flüchtlinge in der Bevölkerung insgesamt. Um diese und nur um diese (!) straffälligen Zuwanderer geht es in diesem Kapitel.

Total Recall

Die schmale Treppe führt vom Hintereingang im Erdgeschoss des Amtsgerichts bis in den dritten Stock und wird vor allem genutzt, wenn ein Gefangener dem Richter vorgeführt werden muss, da die Fluchtmöglichkeiten dort sehr begrenzt sind. Über diese Treppe begleiten die Kriminalhauptkommissare Nilson und Thomas kurz nach Mittag einen Mann Anfang 30 bis in die erste Etage, in der nicht nur eine der Vorführzellen des Amtsgerichts, sondern auch mein Büro untergebracht ist. Da ich um diese Uhrzeit meistens mit halbgeöffneter Tür arbeite, bemerke ich das seltsame Trio, wie es begleitet von einem unserer Wachtmeister den langen Gang hinuntermarschiert, an dessen Ende sich die schwere blaue Holztür der kleinen Gefängniszelle befindet. Natürlich erkenne ich die beiden Kommissare, mit denen ich regelmäßig seit mehr als fünf Jahren zusammenarbeite. Aber auch ihr Gefangener kommt mir bekannt vor. Neugierig stehe ich von meinem Bürostuhl auf und gehe bis zu meiner Bürotür, um den vier Männern nachzublicken. Nachdem die Kommissare den Mann in der Zelle abgeliefert haben, kommen sie wieder zurück und grüßen mit dem typischen Beamtengruß zur Mittagszeit.

»Mahlzeit!«, erwidere ich. »Wen bringt ihr mir denn da?«

»Mohammad H. Gewerbsmäßiges Handeltreiben mit Marihuana in mehreren Hundert Fällen«, erklärt Hauptkommissar Nilson und zieht eine Akte hervor, die er zusammengerollt unter den Arm geklemmt hat.

»Sagt mir was …«, denke ich laut.

Nilson runzelt die Stirn. »Wirklich? Kann eigentlich nicht sein. Der hat nur eine kleine Geldstrafe im Register. Verstoß gegen das Aufenthaltsgesetz.«

»Bist du sicher? Ich könnte schwören, dass ich schon einmal einen Haftbefehl gegen ihn erlassen habe.«

»Vielleicht ein Doppelgänger«, grinst der Drogenfahnder.

»Wie heißt er, sagst du?«

Nilson wiederholt Namen und Geburtsdatum des jungen Mannes. »Doch. Sogar der Name sagt mir was. Und das soll bei meinem schlechten Namensgedächtnis schon etwas heißen.«

Ich gehe zurück zum Schreibtisch und gebe den Namen in die interne Datenbank des Amtsgerichts ein. Name, Vorname, Geburtsdatum … Treffer!

»Da ist er ja.«

Nilson kommt ein paar Schritte näher. »Kann doch nicht sein. Der Registerauszug zeigt nur eine kleine Geldstrafe. Und auch in der Polizeidatenbank tauchte nichts weiter auf.«

»Glaube ich sofort«, erwidere ich und deute mit dem Zeigefinger auf meinen Bildschirm. »Das war auch kein Haftbefehl auf Antrag der Staatsanwaltschaft, sondern auf Antrag der Ausländerbehörde. Vor einem Jahr, im März 2019, wurde er festgenommen und in die Abschiebehaftanstalt gebracht. Ich habe damals den Haftbefehl erlassen zwecks Sicherung der Abschiebung.«

Der Kommissar zuckt mit den Schultern. »Und warum verkauft er dann seit Mai 2019 munter Drogen im Park an Minderjährige? Wieso ist er nicht abgeschoben worden?«

Ich überfliege den Vermerk und kratze mich am Hinterkopf.

»Nach meinen Unterlagen ist er abgeschoben worden. Im März 2019. Nach Italien.«

Von 57 000 im Jahr 2019 geplanten Abschiebungen mussten 32 000 abgesagt werden, berichtete der *Focus* im Frühjahr 2020. Das sind mehr als 56 Prozent.[49] Und das, obwohl sich rund 250 000 ausreisepflichtige Personen in Deutschland aufhalten. Die Abschiebepraxis in Deutschland ist »suboptimal«, wie es so schön heißt. Das hat gleich mehrere Ursachen: In vielen Fällen besitzen Ausreisepflichtige keine Ausweispapiere, sodass in Kooperation mit dem Ausreisepflichtigen nicht nur die Klärung seiner Staatsangehörigkeit, sondern auch die Beschaffung von Ersatzpapieren erforderlich ist. Viele Rückführungen scheitern daran, dass sich der Ausreisepflichtige den Behörden entzieht, etwa zum vereinbarten Termin, an dem er zum Flughafen gebracht werden soll, nicht auftaucht oder seiner Unterkunft für längere Zeit fernbleibt. Darüber hinaus fehlt in vielen Fällen der politische Wille der Landesregierungen, die Abschiebungen konsequent durchzuführen.

Eine traurige Folge dieser nachlässigen Abschiebepraxis ist, dass gerade die Flüchtlinge besonders einfach abgeschoben werden können, die sich gesetzestreu verhalten, also ihre Ausweispapiere nicht vernichten und mit den Behörden eng zusammenarbeiten, während diejenigen, die es den Behörden schwer machen, keine schlechten Chancen haben, sich noch lange Zeit in Deutschland aufhalten zu können. Einige dieser Abschiebewiderständler begreifen gefährlich schnell, dass die deutschen Behörden ineffizient und inkonsequent arbeiten und nutzen diese Erfahrung und die verbleibende Zeit in Deutschland, um Straftaten zu begehen. Wenn sich die deutschen Ausländerbehörden auf der Nase herumtanzen lassen, dann vielleicht auch die deutschen Strafverfolgungsbehörden. Diese Schlussfolgerung ist nicht verwerflich, sondern verständlich. Und sie zeigt, dass »suboptimal« nicht das richtige Wort ist, um die gegenwärtige Abschiebepraxis angemessen zu beschreiben. Der passende Begriff beginnt allerdings auch mit »S«.

»Ich bin schon da«, sagte der Igel

Eine gute halbe Stunde, nachdem er von den beiden Kommissaren in der Vorführzelle des Amtsgerichts abgeliefert worden war, sitzt Mohammad H. neben seinem Pflichtverteidiger auf der Anklagebank des großen Sitzungssaals. Die Zeit genügte, um den Vorführbericht der Polizei zu lesen. Die Drogenfahnder hatten hervorragende Arbeit geleistet: Seit August 2019 beobachteten sie, dass Mohammad H. und Ali F. im Stadtpark an zahlreiche Abnehmer, darunter auch mehrere Minderjährige, Marihuana verkauften. Daraufhin wurden mehrere sogenannte noePs eingesetzt. NoeP steht für »nicht offen ermittelnder Polizeibeamter«, also einen Polizisten, der unter falscher Identität zum Beispiel als Junkie auftritt und Drogen kauft. Auf diese Weise konnten über einen Zeitraum von mehreren Monaten insgesamt 447 Fälle ermittelt werden, in denen die beiden

Dealer Marihuana an verschiedene Abnehmer verkauft haben, darunter einige Jugendliche.

»Mein Mandant wird heute zu dem Vorwurf der Staatsanwaltschaft keine Angaben machen«, erklärt der Verteidiger von Mohammad. H. »Ich benötige zunächst Akteneinsicht.«

»Natürlich«, nicke ich. »Beantwortet Ihr Mandant eine Frage zu seinen persönlichen Verhältnissen?«

»Das kommt auf die Frage an. Grundsätzlich schon«, erwidert der Rechtsanwalt.

»Ich erinnere mich daran, dass ich im März 2019 einen Haftbefehl gegen Ihren Mandanten erlassen habe. Zur Durchführung seiner Abschiebung.«

Der Verteidiger lehnt sich zurück, um leise mit seinem Mandanten zu sprechen.

»Ja. Das ist richtig«, antwortet er schließlich.

»Nach meinen Unterlagen ist er auch abgeschoben worden. Im März 2019.«

Dieses Mal genügt ein Blickkontakt zwischen den beiden Männern.

»Stimmt«, nickt Mohammad H.

»Seit wann sind Sie wieder hier?«, will ich wissen.

»Seit Mai 2019.«

»Und wie sind Sie …«, beginne ich die Frage, werde aber von dem jungen Mann unterbrochen.

»Ich bin einfach wieder zur Ausländerbehörde gegangen und habe gesagt: Da bin ich wieder!«, grinst Mohammad H. »Dann habe ich eine neue Aufenthaltserlaubnis bekommen. Ganz einfach.«

Mohammad H. reiste – soweit es den Behörden bekannt ist – erstmalig im Frühjahr 2017 nach Deutschland ein. Sein Asyl-

antrag wurde im Juli 2017 abgelehnt und seine Abschiebung nach Italien angeordnet. Dann geschah erst einmal acht Monate lang nichts. Ende März 2018 entzog sich Mohammad H. einem Abschiebungstermin. Das klingt jetzt nach waghalsiger Flucht, aber tatsächlich tauchte Mohammad H. nur nicht zu dem vereinbarten Termin am Treffpunkt auf. Die Mitarbeiter der Ausländerbehörde warteten vergebens. Den nächsten Versuch einer Abschiebung starteten die Behörden erst elf Monate später, im Februar 2019. Dieses Mal weigerte sich Mohammad H. lautstark, das Flugzeug nach Italien zu betreten. Deshalb verweigerte der Flugkapitän die Mitnahme von Mohammad H. Im Anschluss beantragte die zuständige Ausländerbehörde den Erlass eines Haftbefehls zur Sicherung der Abschiebung, der unverzüglich vom Amtsgericht erlassen wurde. Mohammad H. wurde für wenige Tage inhaftiert und sodann per Charterflug im März 2019 nach Italien abgeschoben. Bereits zwei Monate später, im Mai 2019, reiste er ungehindert wieder in die Bundesrepublik Deutschland ein. Es wird immer wieder behauptet, es sei sehr schwer, die Personalien der Zuwanderer zu prüfen. Viele würden sich (wiederholt) einschleichen, indem sie einen falschen Namen oder ein anderes Geburtsdatum bei ihrer Wiedereinreise angeben würden. Nun, Mohammad H. tat nichts dergleichen. Er reiste mit demselben Namen und demselben Geburtsdatum zwei Monate später wieder ein, nachdem er nach Italien abgeschoben worden war. Und nachdem ein Haftbefehl gegen ihn erlassen worden war, weil er sich seiner Abschiebung mehrfach entzogen hatte. Und er erhielt sogleich eine neue Aufenthaltserlaubnis. Nur acht Wochen später! »Ganz einfach« – wie Mohammad H. es formulierte.

Die Hauptverhandlung gegen Mohammad H. und seinen Freund Ali F. findet Anfang Februar 2020 vor dem Schöffengericht des Amtsgerichts unter meinem Vorsitz statt. Mohammad H. wird wegen gewerbsmäßigen Handeltreibens mit Betäubungsmitteln in mehr als 80 Fällen zu einer Freiheitsstrafe von zwei Jahren und sechs Monaten verurteilt und bleibt in Haft. Aber in der Berufungsverhandlung reduziert das Landgericht die Freiheitsstrafe auf ein Jahr und acht Monate. Und das Landgericht setzt diese Strafe auch zur Bewährung aus. Mohammad H. kommt sogleich auf freien Fuß. Er befindet sich immer noch in Deutschland. Und in Freiheit. Weiteren Abschiebeversuchen kann er sich erfolgreich entziehen. Seit einigen Wochen soll er sich auch wieder im Stadtpark herumtreiben. Was er da wohl macht?

Der Fall von Mohammad H. zeigt nicht nur eindrucksvoll, dass die deutsche Justiz – vor allem die deutsche Strafgerichtsbarkeit – kein Monopol auf inkonsequentes und ineffizientes Handeln hat. Vor allem macht er deutlich, welche Folgen es hat, wenn Gesetze nicht konsequent angewendet werden. Mohammad H. gelang es, sich erfolgreich und über einen langen Zeitraum einer rechtmäßigen Abschiebung zu widersetzen. Dadurch machte er die Erfahrung, dass er die deutschen Gesetze und die mit ihrer Durchsetzung betrauten Behörden nicht wirklich ernst nehmen muss. Als sich dem jungen Mann die Gelegenheit bot, mit Straftaten ein regelmäßiges Einkommen zu erzielen, schlussfolgerte er nur verständlich, dass er auch die Strafgesetze des Landes und die Strafverfolgungsbehörden nicht achten muss, ohne dass es für ihn negative Konsequenzen haben wird. Diese Folge ist weder die Regel noch ist sie gewollt, aber sie ist zu verantworten.

Weitere Konsequenz dieses laschen Umgangs mit den Gesetzen ist, dass die extremen Ansichten in der Bevölkerung stärker werden, im vorliegenden Fall die Ansicht »Grenzen dicht und alle abschieben«. Bereits zu Beginn dieses Buches wurde anhand der milden Urteile bei Messerangriffen, Kindesmissbrauch und Kinderpornografie dargestellt, wie der Ruf nach neuen strengeren Gesetzen aus dem unverantwortlich laschen Umgang mit den bestehenden Gesetzen folgt. Werden die bestehenden und differenzierenden Gesetze nicht konsequent angewendet, besteht die Gefahr, dass das ebenso große wie wichtige Gebiet der Einwanderungspolitik den extremistischen Wirrköpfen überlassen wird – gleich ob sie grenzenlose Zuwanderung oder völlige Grenzschließung fordern.

Es ist deshalb nicht nur wünschenswert, sondern notwendig, mehr Konsequenz bei Ausweisungen, Abschiebungen und Zurückweisungen zu zeigen. Das gilt vor allem gegenüber den Menschen, die den Schutz, den ihnen die Bundesrepublik Deutschland bietet, missbrauchen, um Straftaten zu begehen. Eine striktere Abschiebepolitik ist zwingend erforderlich. Zum Schutz der einheimischen Bevölkerung ebenso wie zum Schutz der großen Zahl der Flüchtlinge, die sich an die Gesetze halten.

Teil II

Kapitel 12
Der Richter und die Angst

§ 47 VwGO

–

Normenkontrollverfahren

Licht aus und Ruhe im …

Bayern, 24. März 2020:

Das Bayerische Staatsministerium für Gesundheit und Pflege erlässt eine neue Coronaverordnung. Ab sofort darf nur noch die eigene Wohnung verlassen, wer einen triftigen Grund hat. Arbeit. Lebensmitteleinkauf. Arztbesuch. Beerdigung im engsten Familienkreis.

»Äh, Moment mal! Was ist mit: Freunde treffen?«

»Auf keinen Fall!«

»Seine Eltern besuchen?«

»Ganz bestimmt nicht!«

»Eine Demonstration gegen die schwerste Grundrechtseinschränkung seit dem Ende der Naziherrschaft vielleicht?«

»Machen Sie Witze?!«

»Allein spazieren gehen und sich auf eine Bank setzen?«

»Selten so gelacht. Nein!!!«

Die Coronapandemie wird in den Geschichtsbüchern der kommenden Generationen bezüglich des Umfangs und der Bedeutung einen Platz einnehmen irgendwo zwischen dem Zweiten Weltkrieg und dem Ersten. Weit vor dem Amerikanischen Unabhängigkeitskrieg und der Französischen Revolution. Und auch vor dem Dreißigjährigen Krieg. Wann war der noch gleich? Ist ja auch egal. Jedenfalls machte die Coronapandemie vielen Menschen erstmals bewusst, dass die Globalisierung, von der die Menschheit insgesamt betrachtet profitiert hat, auch negative Folgen haben kann. Und wenn man die zwischen totaler Panik und Aktionismus angesiedelten Reaktionen nicht weniger Staaten betrachtet, wurde dieser Umstand auch vielen Regierenden erstmals bewusst. Die deutschen Bundes- und Landesregierungen, die sofort zu einem großen Teil bereit waren, den Grundsatz des Föderalismus in den Wind zu schreiben, bildeten keine rühmliche Ausnahme. Masken nein, Masken ja. Desinfizieren nein, desinfizieren ja. Lockdown nein, Lockdown ja. Regierungsoberhäupter und ihre sogenannten Experten wechselten Meinung und Empfehlungen schneller und häufiger als ein Victoria's-Secret-Engel seine Unterwäsche.

Und so wurden im Frühjahr 2020 neben wenigen sinnvollen auch unzählige sinnfreie Regelungen übers Knie gebrochen, die – wie zu erwarten war – von der Bevölkerung, die teilweise das Vertrauen in die Fähigkeiten ihrer Regierung endgültig verloren hatte, nicht akzeptiert wurden. Deshalb hagelte es Klagen gegen unzählige Coronamaßnahmen, vor allem zu den Verwaltungsgerichten. So auch gegen die härtesten Maßnahmen, die Ausgangsbeschränkungen, zum Beispiel im Freistaat Bayern …

Die Schlacht gewonnen, aber …

München, 30. März 2020:

Während manche die so viele Jahrzehnte schmerzlich vermisste starke und führende Hand des Staates begrüßen, setzen sich andere Bayern entschieden zur Wehr. Ihre Hoffnung residiert in der Ludwigstraße 23 in München und heißt Bayerischer Verwaltungsgerichtshof (VGH). Die Waffen des mündigen Bürgers gegen rechtswidrige Übergriffe eines Staatsapparates heißen Normenkontrollverfahren und Eilantrag nach § 47 Absatz 6 der Verwaltungsgerichtsordnung. Und siehe da: Nur sechs Tage später – und damit mit Lichtgeschwindigkeit im Vergleich zu der Arbeitsweise des Bundesverfassungsgerichts – entscheidet der Verwaltungsgerichtshof München. Aber – der Schreck wird den wehrhaften Bayern zu Recht noch lange in den Gliedern sitzen – gegen die Bürger des Freistaates. Der Antrag, die Coronaverordnung, die mehr als 13 Millionen Bürger im vormals freien Freistaat in ihre Wohnungen einsperrt, außer Vollzug zu setzen, wird abgelehnt. »Verhältnismäßig« – so erschallt der Schlachtruf der juristischen Garde in der Ludwigstraße, mit dem sie die Regelung im Eilverfahren absegnet. Die starke, führende Hand des Staates hat die Schlacht gewonnen. Die Bürger zie-

hen sich vom Schlachtfeld in ihre zwecks Einhaltung der Ausgangssperre polizeilich überwachten Wohnungen zurück. Vorerst …

Die Entscheidungen des Verwaltungsgerichtshofs während der Coronakrise sind geradezu ein Musterbeispiel für ein Problem, das bereits in meinen Büchern *Urteil: Ungerecht* und *Endlich richtig entscheiden* erläutert wurde. Deshalb verdienen die Entscheidungen der obersten bayerischen Verwaltungsrichter ein besonderes Augenmerk, zunächst die gerade erwähnte Entscheidung des Bayerischen Verwaltungsgerichtshofs vom 30. März 2020:

»Im Blick auf die Erforderlichkeit der Regelungen kann der Senat … nicht feststellen, dass andere zur Erreichung des Ziels der Verhinderung weiterer Infektionen mit COVID-19 möglicherweise ebenfalls geeignete Regelungsmodelle – *wie insbesondere der bundesweit empfohlene Ansatz, den Aufenthalt im öffentlichen Raum nur alleine, mit einer weiteren nicht im Haushalt lebenden Person oder im Kreis der Angehörigen des eigenen Hausstands zu gestatten* – in ihrer Wirkung dem gewählten Regelungsmodell eines präventiven Ausgangsverbots gleichkommen und daher als milderes Mittel in Betracht zu ziehen sind. Allein der Umstand, dass andere Verordnungsgeber bei vergleichbaren äußeren Umständen und Regelungszielen ein abweichendes Regelungsmodell gewählt haben, führt nicht dazu, dass die hier streitgegenständlichen Regelungen als unverhältnismäßig anzusehen wären.«

Auch wenn es in vielen Medien fälschlich berichtet wurde, prüfte der Verwaltungsgerichtshof München in dem Beschluss vom 30. März 2020 durchaus, ob die angegriffenen Maßnahmen der Verordnung verhältnismäßig waren, ob es also mildere gleich geeignete Mittel gab als eine Ausgangssperre. Denn bei einem Antrag im einstweiligen Rechtsschutz sind »*Prüfungsmaßstab in erster Linie die Erfolgsaussichten in der Hauptsache*«.[50] Daher war selbstverständlich auch im Eilverfahren zu prüfen, ob die Maßnahmen der angegriffenen Coronaverordnung geeignet, erforderlich und angemessen waren. Und im Unterschied zu einigen anderen Verwaltungsgerichten nahmen die Münchner Richter diese Prüfung auch umfassend vor und kamen zu dem Ergebnis: Die Maßnahmen sind verhältnismäßig. Ende. Aus. Mickey Mouse. Jedenfalls für ein paar Monate. Denn es lief ja noch das Hauptsacheverfahren. Natürlich durften sich die wehrhaften Bayern nicht viel von diesem Hauptsacheverfahren versprechen. Der Verwaltungsgerichtshof München hatte ja bereits erklärt, dass keine Erfolgsaussichten bestehen, da die Maßnahmen, insbesondere die Ausgangssperre, nicht unverhältnismäßig seien.

Ein Wunder (Punkt)

München, Ludwigstraße 23, 4. Oktober 2021:

Es ist ein prächtiges dreigeschossiges Gebäude, erbaut im Rundbogenstil, das auf eine mehr als 150-jährige Geschichte blickt. Die Geschichte des in ihm heimischen Bayerischen Verwaltungsgerichtshofs ist nicht viel jünger. Und doch ist dieser Tag ein besonderer Tag. Er wird eingehen in die Chroniken der bayerischen Rechtsprechung als Tag der Überraschung, als Tag des Widerspruchs. Leider verfügt das Gebäude nicht über einen Balkon, denn sonst hätten an jenem

Tag die Rechtsanwälte der für ihre Freiheit kämpfenden Bürger des Freistaates Bayern von diesem herabgerufen: »Freut euch! Wir haben gesiegt!«

So jedoch wurde weniger pathetisch in einer trockenen und nüchternen Presseerklärung die Entscheidung des Verwaltungsgerichtshofs zu den nächtlichen Ausgangssperren vom März und April 2020 wie folgt zitiert:

»Es wird festgestellt, dass § 4 Abs. 2 und 3 der Bayerischen Infektionsschutzmaßnahmenverordnung … unwirksam war.«

Es ist bedauerlich, dass es keine Fotografie von den Gesichtern der wehrhaften Bayern und ihrer Rechtsanwälte gibt, als sie am 4. Oktober 2021, also 18 Monate später, von der Entscheidung des VGH München in der Hauptsache erfuhren. Sie hätten vermutlich die Rangliste »Verblüffte Menschen des Jahres 2021« – und davon gab es leider nicht wenige – angeführt.

Moment, Moment, Moment! Die Bayerische Infektionsschutzmaßnahmenverordnung über die Ausgangssperren war unwirksam? Ja. Sind das dieselben Regelungen, über die der Verwaltungsgerichtshof München am 30. März 2020 befunden hat? Ja. Dieselben Regelungen, an denen der Verwaltungsgerichtshof München am 30. März 2020 nichts auszusetzen hatte? Ja. Dieselben Regelungen, deren Maßnahmen, an denen der Verwaltungsgerichtshof München am 30. März 2020 nichts auszusetzen hatte, nicht unverhältnismäßig gewesen sind? JA! Verstehe. Und warum sind diese Regelungen jetzt doch unwirksam? Weil die Maßnahmen unverhältnismäßig sind. Nein, verehrte Leser, das ist kein Scherz – also jedenfalls nicht von mir, bei den Münchner Kollegen wäre ich da nicht ganz so sicher. In ihrem

Beschluss vom 4. Oktober 2021 erklären die Verwaltungsrichter, die Ausgangsbeschränkung stelle sich als »unverhältnismäßig dar«. Es kämen »als mildere Maßnahmen Kontaktbeschränkungen im öffentlichen und privaten Raum in Betracht, da diese den Aufenthalt von Einzelpersonen im öffentlichen Raum unberührt lassen«. Sie treiben es noch weiter: Warum »ein Verhalten, welches für sich gesehen infektiologisch unbedeutend sei, nämlich das Verweilen alleine oder mit den Personen seines Haushaltes im Freien außerhalb der eigenen Wohnung, ebenso der Ausgangsbeschränkung unterworfen wurde«, erkläre das Bayerische Staatsministerium nicht. Und schließlich sei »nicht ersichtlich, warum die Gefahr der Bildung von Ansammlungen eine landesweite Ausgangsbeschränkung rechtfertigen sollte, zumal diese Gefahr lediglich an stark frequentierten Lokalitäten bestanden haben dürfte. Hier wären auch regionale und örtliche Maßnahmen das mildere Mittel gewesen.«

Zusammengefasst: Kontaktbeschränkungen im öffentlichen Raum hätten den gleichen Effekt erzielen können und gleichzeitig den Aufenthalt im Freien für die Bevölkerung weiter zugelassen. Daher wären sie das mildere Mittel gewesen. Und demzufolge sind die entsprechenden Maßnahmen der Coronaverordnung unverhältnismäßig gewesen.

Die sich widersprechenden Entscheidungen des Verwaltungsgerichtshofs München vom 30. März 2020 und vom 4. Oktober 2021 verleiten vielleicht neben einem Kopfschütteln auch zu einem Lachen, vorausgesetzt der Coronawahnsinn hat den menschlichen Humor noch nicht in gleicher Weise aufgefressen wie den menschlichen Verstand. Die Ursachen dieser Entscheidungen sind jedoch alles andere als belustigend, sondern beruhen auf zwei tiefgreifenden Problemen. Eines davon ist die unzureichende Richterausbildung und soll in den folgenden Abschnitten erläutert werden.

Richter sind katastrophal schlecht ausgebildete Entscheider. Wohl gemerkt: Das betrifft nicht etwa ihre juristische Ausbildung. Gemeint sind Kenntnisse, die für den Richterberuf ebenso notwendig sind, vor allem auf dem Gebiet der Entscheidungspsychologie. Dieser hochkomplexe Themenbereich, der neben psychologischen Inhalten auch neurowissenschaftliche Fragen umfasst, ist nicht einmal in den Grundzügen Teil des rechtswissenschaftlichen Studiums und auch nicht der Referendar- oder Richterausbildung. Dies gilt sowohl für die Ausbildung der Richter der ordentlichen Gerichtsbarkeit als auch für die Richter der außerordentlichen Gerichtsbarkeit, zu denen auch die Richter der Verwaltungsgerichte gehören. Wie trifft unser Gehirn Entscheidungen? Welche Systeme sind daran beteiligt? Was beeinflusst unsere Entscheidungssysteme, wie können wir sie vor bestimmten Einflüssen schützen und welchen typischen Entscheidungsfehlern erliegt der Mensch immer wieder?[51] Ein Richter lernt dies weder in seinem Studium noch in der Referendarausbildung und auch nicht im sogenannten Richterkindergarten, einer Art Einführungslehrgang in den Richterberuf, der ohnehin nur wenige Tage umfasst. Das hat zur Konsequenz, dass Richter nachweislich denselben Entscheidungsfehlern unterliegen wie jeder andere auf diesem Gebiet nicht geschulte Mensch, was bereits mehrfach und in unterschiedlichen Studien nachgewiesen worden ist. Darüber hinaus ergaben diese Untersuchungen, dass Richter – mehr als andere Berufsgruppen – dazu neigen, Entscheidungsfehler abzustreiten, selbst wenn man sie ihnen an den eindeutigen Studienergebnissen nachweist. Eine gefährliche Kombination von Ignoranz und Arroganz.

Die beiden diesem Kapitel zugrunde liegenden und sich inhaltlich widersprechenden Entscheidungen des Verwaltungsgerichtshofs München zeigen, wie sich äußere Einflüsse auf die Entscheidungssysteme der Richter während der Coronakrise ausgewirkt haben. Um dies besser nachvollziehen zu können, ist ein kleiner Rückblick auf das Frühjahr 2020 erforderlich, als die Ausgangssperre in Kraft gesetzt und der hiergegen gerichtete Eilantrag seitens der Richter des Verwaltungsgerichtshofs zurückgewiesen wurde. Erinnern Sie sich noch an das Frühjahr 2020? Personen, deren Namen es nicht wert sind, erwähnt zu werden, traten als Unheilspropheten auf und waren aus den Medien kaum noch wegzudenken. Diese Personen waren eine Art Superspreader für Panik. Sie verbreiteten Angst mit Zahlen und Daten, die zu großen Teilen frei erfunden waren, was sie mittlerweile selbst öffentlich eingeräumt haben. Natürlich haben sie nur in bester Absicht gelogen. Um ihrer eigenen eingeschlafenen Karriere einen kleinen Schubs zu geben zum Beispiel. Oder um sich als Dauergast in durch GEZ-Gebühren finanzierten Talkshows einzunisten. Ihre großenteils frei erfundenen Horrorszenarien und die zahlreichen Berichterstattungen in der Presse zu steigenden Infektionszahlen, hoher Ansteckungsgefahr, neuen Todesfällen, alle versehen mit Bildern von überfüllten Krankenhäusern, Blaulichtfahrzeugen und Särgen, aktivierten das, was der Nobelpreisträger Daniel Kahneman als das System I unseres Gehirns bezeichnet hat, unser Unterbewusstsein, und versetzten es in dauerhafte Angst. Diese Angst bestimmte unsere Entscheidungen im Frühjahr 2020 maßgeblich. Im Supermarkt kämpften Menschen um Nudeln, Desinfektionsmittel, Mehl und Toilettenpapier. Nießende und hustende Menschen wurden wie Aussätzige kritisch beäugt. Und Wissenschaftler, die versuchten, die Situation mit sachlicher Argumentation zu beruhigen, wurden mit sozialer Ächtung bestraft. Die Standardeinstellung unseres Unterbewusstseins im Frühjahr 2020 war Angst. Und dieses in Angst versetzte Unterbewusstsein bestimmte auch das Verhalten der in Entscheidungspsychologie ungeschulten Richter. Aus diesem Grund erschien das Mittel »Kontaktbeschränkungen im öffentlichen Raum« noch im Frühjahr 2020 viel weniger geeignet als die Ausgangssperre. Als sich im Laufe des Jahres 2021 die Gemüter wieder beruhigten und das Unterbewusstsein deutlich weniger von Angst geprägt war, erschien es plötzlich als ebenso geeignet und milderes Mittel, obwohl sich rein objektiv an dem Verhältnis der beiden Maßnahmen zueinander nichts geändert hatte. Es ist übrigens davon auszugehen, dass die Entscheidungen erneut die Richtung wechseln werden und die Ausgangssperre für verhältnismäßig befunden wird, wenn die Angst im Unterbewusstsein der Verwaltungsrichter wieder groß genug wird.

Eine Lanze gilt es allerdings für die Richter des Verwaltungsgerichtshofs München noch zu brechen: Sie haben ihren Entscheidungsfehler eingesehen und im Hauptsacheverfahren korrigiert. Hierfür braucht es eine gewisse menschliche Größe. Und diese Größe haben nicht alle Richter. Vor allem bei den höchsten im Staate darf man zu Recht daran zweifeln. Darauf komme ich noch zu sprechen.

Die ungenügende Ausbildung auf dem Gebiet der Entscheidungspsychologie ist jedoch nur die eine von zwei hochproblematischen Ursachen, welche die dritte Staatsgewalt (auch) während der Coronakrise alles andere als souverän aussehen ließen. Die Zweite soll im nächsten Kapitel etwas genauer untersucht werden. Sie ist noch sehr viel besorgniserregender, da sie nicht durch einige psychologische Schulungen behoben werden kann.

Kapitel 13

Der Richter und der »Führer«

Artikel 97 Grundgesetz

–

Die Unabhängigkeit des Richters

Zu Befehl, mein …

März 2020, Nordrhein-Westfalen, Ruhrgebiet:

Der kleine Parkplatz vor dem Gerichtsgebäude ist um diese Uhrzeit noch gut gefüllt. Neben dem Eingang steht Richter E. und schnippt die Asche seiner Zigarette in den grauen Aschenbecher, der in die Fassade des Gebäudes eingelassen ist. Er sieht in Richtung des Hauptbahnhofs und erblickt seine Kollegin Richterin S., die aus der

Mittagspause zurückkehrt, eine Brötchentüte der nahegelegenen Bäckerei in der linken Hand.

»Gehörst du auch zu den Kollegen, die ihre Termine wegen Corona aufgehoben haben?«, fragt Richter E. seine Kollegin, als diese vor dem Eingang stehen bleibt, um den Mund-Nasen-Schutz aus der Manteltasche zu ziehen. Seinem Tonfall kann man anhören, dass er das Verhalten seiner Kollegen missbilligt.

»Ja, ich hätte morgen zwei große Beweisaufnahmen mit einem Dutzend Zeugen. Das ist mir momentan zu heikel. Der Gerichtssaal ist ja groß genug, aber du kennst ja unsere engen Flure. Und du?«

»Natürlich nicht!«, schnaubt Richter E. verächtlich. »Es gibt bisher keine Anweisung des Justizministers!«

Seine Kollegin runzelt die Stirn. »Was für eine Weisung des Justizministers meinst du bitte?«

»Eine Weisung an die Richter, die Gerichtstermine aufzuheben, natürlich!«

Richterin S. hebt eine Augenbraue. »Machst du Witze? Eine solche ›Weisung‹ wird es nicht geben. Und wenn es sie gibt, dann ist sie verfassungswidrig! Richter sind unabhängig! Das solltest du nach fast acht Dienstjahren wissen!«

Richter E. bleibt hartnäckig. »Also ohne Anweisung hebe ich keinen Termin auf! Sonst steht das irgendwann noch als Kritikpunkt in einer Beurteilung. Ich will noch befördert werden!«

Richterin S. schüttelt den Kopf, setzt die Maske auf und betritt das Gebäude.

Einen Tag später erfährt sie, dass ihr Kollege soeben alle Verhandlungen aufgehoben hat. Kurz zuvor hatte das Gericht eine »Empfehlung« des Justizministeriums erreicht, in der auch auf die

Möglichkeit der Terminaufhebung hingewiesen wurde. Als Richterin S. ihren Kollegen auf dem Gerichtsflur begegnet, kann sie sich eine spöttische Bemerkung nicht verkneifen: »Ist doch beruhigend, wenn der Führerbefehl doch noch rechtzeitig eintrifft, oder?«

Ein Vorwurf, der der deutschen Richterschaft zu Recht gemacht wird, ist ihr Versagen während der Naziherrschaft. Nur wenige Richter weigerten sich – weder nach der Notverordnung von 1933 noch nach der Ernennung Hitlers zum obersten Gerichtsherrn 1942 –, das Unrechtssystem zu unterstützen. Die meisten Richter wirkten an der Erhaltung des Nazisystems mit. Und die Gefahr, dass ein Rechtsbruch durch die Regierung seitens der Richterschaft mitgetragen wird, ist heute ebenso gegeben wie in dieser dunkelsten Zeit der deutschen Geschichte. Denn personell ist die deutsche Richterschaft weiterhin abhängig von der Regierung, was den wenigsten Bürgern bewusst ist. Zwar kennen wir alle das Prinzip der Gewaltenteilung aus unserer Schulzeit. Kommt meistens im Fach Geschichte vor. Oder in Politik. Einer der wichtigsten Grundpfeiler aller modernen demokratischen Staaten ist die Verteilung der Staatsgewalt auf die Gesetzgebung (Legislative), die Regierung (Exekutive) und die Rechtsprechung (Judikative). Man erinnert sich dunkel. Zweck dieser Aufteilung ist die Begrenzung der Macht einer einzigen Institution. Vor allem die Regierung soll in ihrer Machtausübung begrenzt und kontrolliert werden. Denn eine wichtige Erfahrung, die die Gründerväter und -mütter der Bundesrepublik Deutschland schmerzlich machen mussten, ist, dass eine zu mächtige und unkontrollierte Regierung unsägliches Leid hervorrufen und endlosen Schaden anrichten kann. Deshalb sollte eine von der Regierung unabhängige Rechtsprechung gewährleisten, dass sich diese furchtbare Katastrophe nicht wiederholt. Dieser Grundsatz der Gewaltenteilung ist in der Bundesrepublik Deutschland jedoch verletzt. Es fehlt eine konsequente Unabhängigkeit der Rechtsprechung von der Exekutive. Das zeigt sich vor allem darin, dass in Deutschland die Regierungen mittelbar oder unmittelbar sowohl die Richter auswählen als auch über deren Beförderung entscheiden, vor allem auf die Positionen der Gerichtspräsidenten und -vizepräsidenten sowie der Gerichtsdirektoren und -vizedirektoren sämtlicher Gerichtszweige. Hierdurch entsteht ein gefährliches Machtungleichgewicht zugunsten der Regierung und zum Nachteil der Rechtsprechung. Seit der Kaiserzeit ist die Verwaltung der deutschen Gerichte Sache der Justizministerien und damit der Regierung. Und bis heute wirken die Regelungen der dem »Führerprinzip« entsprechenden Gerichtsverfassungsverordnung (GVVO) von 1935 fort, die festlegte, dass der Reichsjustizminister die Verwaltung der Gerichte bestimmt. Dort liegt der Ursprung der Über- und Unterordnung der deutschen Gerichte.[52] Dass gerade das auf dem Führerprinzip des Nationalsozialismus beruhende System bisher nicht abgeschafft wurde, ist bemerkenswert und bezeichnend zugleich.

Jeder deutsche Richter verdankt sein Richteramt der Regierung. Und jeder deutsche Richter verdankt seine Beförderung der Regierung. Und jeder deutsche Richter weiß, dass seine Karriere abhängt von der Regierung. Ist es daher verwunderlich, wenn diese Umstände bei den Entscheidungen der Richter – bewusst oder unbewusst – Berücksichtigung finden? Sei es, weil eine Verpflichtung gegenüber der Regierung verspürt wird, der ein Richter sein Amt und seine Beförderung zu verdanken hat. Sei es, weil ein Richter befürchtet, die eigene Karriere könnte unter einer für die Regierung unangenehmen Entscheidung leiden. Man muss keine vertieften Kenntnisse auf dem Gebiet der Entscheidungspsychologie besitzen, um zu erkennen, dass diese Umstände selbstverständlich die Entscheidung eines Richters beeinflussen können. Und auch aus der Sicht der Regierung ist die Frage leicht zu beantworten, ob sie eher Charaktere als Richter einstellt und befördert, von denen sie erwarten darf, dass sie in ihrem Sinn entscheiden, oder nicht.

Dieser Umstand veranlasste den Richterkollegen in dem eingangs geschilderten Fall, seine Gerichtstermine nicht zu verlegen, bevor nicht eine diesbezügliche »Anweisung« des Justizministeriums, also der Regierung, erfolgte. Ich möchte an dieser Stelle betonen, dass tatsächlich lediglich eine Empfehlung ausgesprochen und ausdrücklich darauf hingewiesen wurde, dass die Richter in ihrer Entscheidung selbstverständlich unabhängig sind. Umso erschreckender ist es, wenn nicht wenige Richter – der Kollege in dem Fall, der diesem Kapitel als Beispiel dient, ist leider keine Ausnahme – eine derartige Anweisung erwarten und sich darüber hinaus gegenüber der Regierung zum Gehorsam verpflichtet fühlen. Und so forderte beispielsweise während der ersten Coronaphase ein Direktor eines Amtsgerichts »seine« Richter unmissverständlich auf, dass sie der Empfehlung des Justizministeriums nachkommen und sämtliche Gerichtstermine gefälligst aufheben. Ein erschreckendes Verständnis von der Unabhängigkeit eines Richters. Und leider kein Einzelfall.

Alarmstufe: Rot

23. März 2020:

Der »Pandemie-Stab« des kleinen Amtsgerichts am Niederrhein sitzt zusammen. Oder besser auseinander. Mindestens 1,5 Meter Abstand, mit Maske und aufgerissenen Fenstern. Im größten Saal des Gebäudes.

»Also, was brauchen wir sonst noch?«

»Desinfektionsmittelspender im Eingangsbereich?«, fragt mein Kollege vorsichtig. Deshalb vorsichtig, weil die Frage der »Desinfektionsmittelspender im Eingangsbereich« seit Jahren ein Dauerstreitthema zwischen den Richtern und der Gerichtsverwaltung, allen voran dem Direktor, gewesen ist. Zu teuer, keine Haushaltsmittel, kein Bedarf, ein zu großes Sicherheitsrisiko, kein Platz, muss ausgeschrieben werden, haben andere auch nicht … die Keine-Lust-Gründe-Liste des Direktors ist lang und hat schon zu mehreren Streitereien in so einigen Grippewintern geführt. Wir machen uns auf erneute Ausflüchte seines Nachfolgers gefasst.

»Sind schon bestellt. Sonst noch was?«, ist die knappe Antwort der Direktorin.

»So einfach?«, fragt mein Kollege erstaunt nach. »Wir haben uns bisher den Mund fusselig geredet, ohne dass wir einen Zentimeter näher an die Desinfektionsmittel gekommen sind …«

»Wir haben Corona. Jetzt ist alles anders. Also weiter.«

Sicherheit und Arbeitsschutz ist etwas, das in den Gerichten kleingeschrieben wird. Das betrifft Büros, in denen im Sommer Temperaturen von fast 40 Grad herrschen, weil kein Geld für Klimageräte vorhanden ist. Das betrifft Wachtmeister, die seit

Jahren für Stichschutzwesten kämpfen, weil sie den Besuchern des Gerichts regelmäßig Messer, Rasierklingen und angespitzte Schraubenzieher im Eingangsbereich abnehmen müssen. Und das betrifft Desinfektionsmittelspender in Grippewintern, die zu teuer, zu gefährlich, zu lästig sind, um angeschafft zu werden. Die Umsetzung all dieser Maßnahmen scheitert regelmäßig an der Verwaltung des Gerichts, vor allem dem Behördenleiter, also dem Direktor oder dem Präsidenten. Doch im Frühjahr 2020 machte Corona plötzlich das scheinbar Unmögliche innerhalb weniger Tage möglich. Plötzlich durfte das Geld mit beiden Händen für Sicherheitsmaßnahmen ausgegeben werden. Hier noch ein CO2-Messgerät, da noch ein halbes Dutzend Spuckschutzwände, um die Gerichtsverhandlungen sicherer zu machen. Was hatte sich geändert? Die fragwürdige Einstellung vieler Behördenleiter gegenüber dem Wohlergehen ihrer Mitarbeiter? Selten so gelacht. Nein, was sich geändert hatte, war die Vorgabe des Ministeriums. Kein Behördenleiter wollte dafür verantwortlich sein, dass in »seinem« Gericht als Erstes ein Coronafall bekannt wird. Es war keine Sorge um das Wohlergehen der Mitarbeiter, es war die Angst vor schlechter Presse und dem sogenannten E.-d.-K.-Vermerk in der eigenen Personalakte. E. d. K. steht für »Ende der Karriere«. Ein erstochener Wachtmeister ist Pech, ein an Grippe schwer erkrankter Mitarbeiter nicht zu vermeiden, aber eine Pressemeldung »Coronaausbruch im Gericht Posemuckel« eine Katastrophe. Jedenfalls zu einer Zeit, in der Corona alles andere aus den Medien verdrängt hat. Und so wurden die deutschen Gerichte mit Warnungen plakatiert, auf das Tragen eines Mundschutzes bei Besuchern strenger geachtet als auf deren mittelschwere Bewaffnung und Gerichtssäle mit mehr Plexiglaswänden ausgestattet als das Terrarium des örtlichen Zoos. Die Gerichte wurden coronafest gemacht. Jedenfalls so sehr, dass ein Ausbruch nicht mehr die Karriere der Behördenleiter bedrohte. Und erfreulicherweise wurde auf diese Weise so ganz nebenbei, quasi als nützliches Abfallprodukt, auch der Rechtsweg weiterhin garantiert. Der Bürger konnte weiter Rechtsschutz suchen. Die Richter konnten weiter arbeiten. Oder besser, sie hätten weiter arbeiten können …

Rechtsweggarantie am A…

April 2021, eine nordrhein-westfälische Großstadt:

Wir befinden uns im zweiten Jahr der Coronapandemie. Die kleinen Cafés der Altstadt haben noch nicht wieder geöffnet, einige werden für immer geschlossen bleiben. Die Coronakrise oder präziser der Lockdown hat die Gastronomie besonders schwer getroffen. Mein Freund Matthias und ich haben uns deshalb in den Räumen seiner Kanzlei getroffen. Obwohl Sonntag ist. Wir sitzen in der ebenso gemütlichen wie schicken Kaffee-Ecke und sprechen über unsere Familien und unsere zukünftigen Projekte. Nach einiger Zeit entsteht eine kurze Gesprächspause und auf dem sonst immer zuversichtlichen Gesicht meines Freundes erkenne ich einige tiefe Sorgenfalten.

»Was beschäftigt dich?«

»Entschuldige, ich war kurz abgelenkt. Noch einen Kaffee?«

Ich schüttele den Kopf. »Danke, ich habe noch. Ich habe gefragt, was dich beschäftigt. Du siehst besorgt aus.«

»Deine Kollegen«, brummt Matthias. »Mehr als 500 Gerichtstermine sind für unsere Kanzlei aufgehoben worden.«

»Du meinst im letzten Jahr?«

»Nein, in diesem Jahr. Wenn das so weiter geht, müssen wir unsere Mitarbeiter in Kurzarbeit schicken. Dann sind die Reserven aufgebraucht.«

»Das verstehe ich gar nicht«, erwidere ich. »Im letzten Jahr haben wir im Amtsgericht auch einige Termine aufgehoben. Gerade die mit vielen Zeugen. Aber das war im Frühjahr 2020. Seitdem läuft bei uns der Betrieb wieder. Wir haben uns auf die neue Situation eingestellt.«

»Da seid ihr beim Amtsgericht eine Ausnahme«, antwortet Matthias und fügt missmutig hinzu: »Vor allem die Land- und die Oberlandesgerichte haben das Arbeiten fast ganz eingestellt.«

Zu Beginn des Jahres 2020 wurden die Gerichte mit allen sinnvollen und sinnlosen Schutzmitteln ausgestattet, um den Dienstbetrieb aufrechterhalten zu können. Doch sehr viele Kollegen dachten sich: »Warum auf halbem Weg stehen bleiben?« Was ist sicherer als eine mit CO2-Messgeräten, Desinfektionsmitteln, FFP2-Masken, Luftreinigern und Spuckschutzwänden geschützte Gerichtsverhandlung? Richtig! Gar keine Gerichtsverhandlung. Und so wurden Tausende Gerichtstermine in den Jahren 2020 *und* 2021 verlegt und der rechtsschutzsuchende Bürger einmal mehr im Regen stehen gelassen. Aus reiner Sorge um seine Sicherheit natürlich. Und um die eigene und die der Kollegen. Denn die meisten Infektionen mit Corona finden bekanntlich in gut belüfteten Sitzungssälen von der Größe eines halben Handballfeldes statt, in denen sich weniger als zehn Personen gleichzeitig aufhalten, die Mundschutz tragen und durch Plexiglasscheiben voneinander getrennt werden. Deshalb ging ja auch der Inzidenzwert so stark zurück, nachdem so viele Richter gewissenhaft die Arbeit eingestellt haben.

»In der Krise zeigt sich der Charakter«. Dieses Zitat – zugeschrieben wird es dem früheren Bundeskanzler Helmut Schmidt – hatte in den vergangenen Monaten leider ausreichend Gelegenheit, sich zu beweisen. Die Bundesrepublik Deutschland steckt in der schlimmsten Krise seit ihrer Gründung im Jahr 1949. Und an dieser gefährlichen Situation tragen die Richter als Vertreter der dritten Staatsgewalt einen ganz entscheidenden Anteil. Sie hätten die Gelegenheit gehabt, einem Bürger, der mit Recht das Vertrauen in überforderte Landes- und Bundesregierungen und sich wegduckende Landes- und Bundesparlamente verloren hat, zu beweisen, dass wenigstens die dritte Staatsgewalt ihrer Verantwortung gerecht wird. Diese Chance haben die ehrenwerten Damen und Herren, von einigen Ausnahmen abgesehen, ungenutzt verstreichen lassen.

Die Mutlosigkeit der deutschen Richter, vom kleinen bis zum großen, wird von der Regierung allerdings nicht ungern gesehen. Richter ohne Mut sind leicht zu beeindrucken und noch leichter zu lenken, um nicht zu sagen zu führen. Also durften sich die Regierungen der Länder und des Bundes auf gefällige Entscheidungen einstellen, auch was ihre Coronamaßnahmen betrifft. Und tanzt tatsächlich mal ein Richter aus der Reihe … Nun, für den finden sich dann andere Wege und Mittel.

Kapitel 14

Der Schandrichter von Weimar

§ 339 Strafgesetzbuch

—

Rechtsbeugung

Sie kommen!

Deutschland, Frühjahr 2021, Ostfront:

Endlich haben wir den Schuldigen gefunden. Die Ursache der Pandemie, den Zerstörer der Welten. Es sind die Kinder! Gestern noch gefeiert als Heilige der Fridays-For-Future, heute gefürchtet als Füller-Für-Friedhöfe, als Schlächter der Großeltern. Kinder sind nicht unsere Zukunft, sie sind unser Untergang. Zu den vier apokalyptischen Reitern, Krieg, Hungersnot, Tod und Pestilenz, gesellt sich die kleine Emilie-Sophie auf ihrem Tretroller mit My-Little-Pony-Rucksack in Türkisblau.

Doch mutige Männer, Frauen und Diverse stellen sich ihnen entgegen: Vernichtet den Feind, beendet sein Leben, zerstört seine Entwicklung! Und verbannt sein hässliches schokoverschmiertes Antlitz mit Schneidezahnlücke hinter große Masken! Im Unterricht und auf dem Schulhof und beim Sport sowieso. Unterdrückt ihr Singen, Lachen, Spielen. Lasst sie erzittern vor Angst oder wenigstens vor Kälte bei weit aufgerissenen Fenstern im Klassenraum auch bei Außentemperaturen um den Gefrierpunkt. Und tatsächlich: Das Ende, der Sieg, erscheint zum Greifen nah. Doch plötzlich regen sich Verbündete des Feindes, Helfershelfer. Eltern werden sie genannt. Zum Glück nur wenige. Den meisten geht das Wohl der Todesbringer, die ihren Lenden entsprungen sind, an der Kehrseite der Lenden vorbei. Doch einige sind besessen, stellen sich an die Seite der kleinen Friedhofsfüller, ja schützend vor sie. Und diese Fanatiker greifen zur entsetzlichsten aller Waffen. ABC-Kriegsführung war gestern, die Todesengel dringen bis »G« vor: zu den Gerichten …

Im Frühjahr 2021 häufen sich die Anträge an die Verwaltungs- und Familiengerichte von Eltern, die sich nicht mit der Maskierung ihrer Kinder im Unterricht anfreunden konnten. Von einer wahren Antragsflut berichtet der Bayerische Rundfunk. Gestützt wurde ihr Begehren durch nicht wenige Ärzte und Psychologen, die auf die Gefahren hinwiesen, die durch längeres Maskentragen für Kinder entstehen können. Demgegenüber standen andere Eltern und Experten, die auf die Ungefährlichkeit und Notwendigkeit von Masken im Unterricht aufmerksam machten. Zwischen diesen Gruppen wurde der von den Medien kräftig befeuerte Meinungsstreit mit solcher Intensität geführt, dass die Schlacht der fünf Heere daneben wie eine Runde Halma im Altersheim für Kultusminister nach 18 Uhr abends wirkte. Und so taten die Gerichte das, was Gerichte so tun. Sie entschieden. Überwiegend im Sinne der Landesregierungen. Doch ausgerechnet in der Stadt von Schiller und Goethe regte sich ein Querkopf.

Ein Tag der Schande

Amtsgericht Weimar, 8. April 2021:

Der unschuldig aussehende und natürlich auf ungebleichtem sowie recyclebarem Papier niedergeschriebene Beschluss des Familienrichters hat die Sprengkraft einer Atombombe von 90 Kilotonnen TNT, das sind umgerechnet etwa sieben Atombomben vom Typ »Little-Boy«. Er untersagt den Leitungen und Lehrern der Schulen, Kindern und Schülern vorzuschreiben, »im Unterricht und auf dem Schulgelände Gesichtsmasken aller Art, insbesondere Mund-Nasen-Bedeckungen, sogenannte qualifizierte Masken (OP-Maske oder FFP2-Maske) oder andere zu tragen«. Wie ein Lauffeuer verbreitet sich die Nachricht. Hysterische Menschen in Todesangst stürmen erneut die Supermärkte, um die Vorräte der Corona-Schutzbunker mit Toilettenpapier und Nudeln aufzufüllen. Vor den Kirchen bilden sich lange Schlangen, natürlich unter Einhaltung eines Abstandes von 1,5 Metern und mit Maske, um für das Seelenheil in dem bevorstehenden Weltuntergang zu beten. Gleichzeitig fordern Querdenker, Coronaleugner und andere vom Satan Besessene offiziell in

Rom die Heiligsprechung des zuständigen Familienrichters noch vor Beginn des nächsten Lockdowns.

Die Aufregung in weiten Teilen der Medien über den Beschluss des Weimarer Amtsgerichts war maßlos übertrieben, wie viele Meldungen in der Corona-Syndrom-Phase. Ein Familienrichter hat in einer Entscheidung eine andere Rechtsansicht vertreten als hundert, wenn nicht sogar tausend andere Familienrichter. Allein wenn ich diesen Satz schreibe, muss ich ein Gähnen unterdrücken. Das ist nicht mal ein Beutelchen Reis, das in einem fernöstlichen Land vom Umfallen bedroht ist. Und so reagierten übrigens nicht wenige Rechtsanwälte und Richter auf den Beschluss: ruhig, sachlich, gelassen. Die Ausnahme bildeten nur wenige und nicht ganz ernst zu nehmende Vertreter unserer Zunft, vor allem solche, die eine Art offenen Brief verfassten, der überwiegend den Zweck hatte, bei der nächsten Beförderungsrunde nicht völlig übersehen zu werden.

Der Beschluss aus Weimar stellte noch nicht einmal eine abschließende Entscheidung dar, sondern konnte mit der Beschwerde zum Oberlandesgericht angegriffen werden. Und da die Fragen der Zuständigkeit der Familiengerichte und der Reichweite der dem Beschluss zugrunde liegenden Rechtsgrundlage des § 1666 Bürgerliches Gesetzbuch durchaus von vielen Gerichten anders gesehen wurden, hatte eine Beschwerde zum Oberlandesgericht gute Erfolgsaussichten. So funktioniert das übrigens üblicherweise: Ein Gericht trifft eine Entscheidung und die unterliegende Partei überlegt, ob sie Rechtsmittel einlegt. Das nur wenigen vertraute Prinzip dahinter wird von Fachleuten auch als »Rechtsstaat« bezeichnet. Müssen Sie sich nicht merken. Jedenfalls nicht in gewissen östlichen Bundesländern. Denn da beschreitet man neben dem beschwerlichen Rechtsweg gegen unliebsame Gerichtsentscheidungen auch gern ganz andere Wege …

Apokalypse now!

Erfurt, 8. April 2021:

Die Landesregierung befindet sich, vier Minuten und 38 Sekunden nachdem der Skandal von Weimar bekannt geworden ist, in heller Aufregung. Die Nationalgarde rückt an und die Parole »Olympus has almost fallen« wird ausgegeben. Jeder Mann, jede Frau, jede/jeder Diverse kennt seinen Posten und seine Befehle in der bevorstehenden Apokalypse. Einer Apokalypse, die eingeleitet worden ist, durch den Beschluss des Familiengerichts Weimar mit dem Aktenzeichen 9 F 148/21. Die Regierung reagiert blitzschnell: Ab sofort wird »F 148« in die Liste verbotener Kennzeichen aufgenommen. Coronaleugner und Querdenker sollen nicht auf die Idee kommen, die Nummernschilder ihrer Autos noch rechtzeitig vor dem Weltuntergang anzupassen. Die Panik wird mit jeder Sekunde größer. Schon verlieren die ersten hartgesottenen Mitglieder des Landesparlaments die Beherrschung. Wild schreien sie durcheinander: »Wir müssen etwas unternehmen!« »Und zwar bevor wieder eine Anweisung aus Berlin kommt, dass das Urteil rückgängig gemacht werden muss!« »Wo steckt eigentlich der Justizminister?« Rund um das Ministerium für Migration, Justiz und Verbraucherschutz werden bereits die Sandsäcke gestapelt und die Stacheldrahtbahnen gezogen, um der herannahenden Welle mutierter Zombies standzu-

halten, die der Beschluss des Amtsgerichts Weimar in den nächsten Stunden hervorbringen wird. In seinem Büro hockt ein verzweifelter Minister, den Tränen nah. Doch dann durchfährt ihn der Geist des Allmächtigen und eine Stimme, ähnlich der von Karl Lauterbach, ruft: »Du wirst mein Schwert sein in der bevorstehenden letzten Schlacht von Gut und Böse!« Mit dem Mut der Verzweiflung erfüllt greift er zum Telefon auf seinem Schreibtisch, das bereits in die Flammen der Vergeltung gehüllt ist, und wählt die Nummer der Staatsanwaltschaft …

Rechtsbeugung! Es ist der schlimmste Vorwurf, der einem Richter gemacht werden kann, und zugleich der unwahrscheinlichste. Die meisten Anzeigen wegen Rechtsbeugung werden, welch Überraschung, von der unterliegenden Partei eines Rechtsstreits erhoben. Sie sind der klassische Racheversuch der kleinen, beleidigten Leberwurst. Daher werden die entsprechenden Ermittlungsverfahren von erfahrenen Staatsanwälten auch regelmäßig ebenso sang- und klaglos eingestellt, wie sie eingeleitet wurden.

Anders kann es jedoch dann sein, wenn ein öffentliches Interesse an dem Fall besteht. In diesen Fällen ist es rein theoretisch möglich, dass die Staatsanwaltschaft sogar verbindlich angewiesen wird, das Verfahren, das sie unter normalen Umständen längst eingestellt hätte, weiter zu betreiben. Das Weisungsrecht des Justizministers gegenüber den Staatsanwälten gemäß § 147 Gerichtsverfassungsgesetz wurde bereits in anderen Kapiteln erörtert. Es steht auch den Justizministern zu, die mangels Jurastudiums nicht einmal rudimentäre rechtliche Grundkenntnisse haben. Und so schwer sich einige Justizminister auch damit tun, das Weisungsrecht in so belanglosen Fällen wie dem sexuellen Missbrauch von Kindern, der Messerstecherei und der Kinderpornografie auszuüben, fällt es einigen Ministern möglicherweise dann leicht, wenn es um ein Verfahren gegen einen Richter geht, der eine unliebsame Entscheidung getroffen hat. Rein theoretisch. Und vielleicht fällt es einem Justizminister sogar noch leichter, sein Weisungsrecht auszuüben, wenn eine Parteifreundin zu denjenigen gehört, die Anzeige gegen den Richter erhoben haben. Aber verlassen wir das Reich der Möglichkeiten, des Theoretischen, der reinen Verschwörungstheorien und beschäftigen uns mit dem, was tatsächlich geschehen ist.

Gegen den Richterkollegen aus Weimar wurde ein Ermittlungsverfahren eingeleitet, es wurden Wohnungsdurchsuchungen durchgeführt, Handys und Laptops wurden beschlagnahmt. Das war es dann auch. Seitdem war nicht mehr viel zu hören. Vielleicht auch deshalb nicht, weil der Vorwurf, der Kollege hätte das Verfahren an das Verwaltungsgericht abgeben müssen, unhaltbar geworden ist, nachdem das Bundesverwaltungsgericht gerade eine derartige Abgabe für unrechtmäßig erklärt und jedenfalls insoweit die Rechtsauffassung des Weimarer Familienrichters bestätigt hat.[53] Zum jetzigen Zeitpunkt ist der Kollege deshalb allenfalls Beschuldigter in einem Strafverfahren. Und er gilt als unschuldig bis zum Beweis seiner Schuld. Auch das ist so ein Gedanke in einem sogenannten Rechtsstaat. Müssen Sie sich nicht merken. Jedenfalls nicht mehr lange.

Hat die Entscheidung des Weimarer Familienrichters dem Ansehen der Justiz geschadet? Ganz sicher nicht. Es war nur ein erstinstanzlicher Beschluss, in dem eine Mindermeinung vertreten wurde und der mit der Beschwerde zum Oberlandesgericht erfolgreich angegriffen worden ist. So läuft das in einem Rechtsstaat. Hat die Reaktion in Thüringen dem Ansehen der Justiz geschadet? Mit Sicherheit! Denn in den Köpfen vieler Bürger wird die Erinnerung verbleiben, dass ein Richter, der eine Rechtsansicht vertritt, die der Regierung missfällt, mithilfe einer zu einem bloßen Büttel verkommenen Staatsanwaltschaft kaltgestellt werden kann. Und dass die Unabhängigkeit der Richter in einigen Teilen Deutschlands vielleicht doch nur auf dem Papier besteht. Dem in Weimar ausgebildeten großen Maler Max Liebermann wird das unvergleichliche Zitat zugeschrieben: »Ich kann gar nicht so viel essen, wie ich kotzen möchte.« Dieses Zitat läuft gerade Gefahr, inflationär verwendet zu werden, vor allem auch in Bezug auf die jüngsten Entscheidungen eines Gerichts, das sich in diesem Buch ein eigenes Kapitel verdient hat.

Kapitel 15

(Ver)Hüter der Verfassung?

Artikel 2 Grundgesetz

Eines vorweg: Ich verbitte mir jegliche Kritik am Bundesverfassungsgericht! Sie dürfen Beamte und Politiker kritisieren, auch einfache Richter, sogar den Papst, vielleicht sogar Gott. Aber irgendwo muss ein Ende sein. Und dieses Ende liegt im Schlossbezirk 3 in 76131 Karlsruhe. Deshalb bitte ich Sie, liebe Leserinnen und Leser, dieses Kapitel nicht als Kritik zu verstehen. Ich kritisiere nicht. Denn das steht mir nicht zu. Ebenso wenig wie Ihnen oder einem anderen atmenden Wesen und nicht einmal Vorsitzenden Richtern am Bundesgerichtshof a. D. Dieses Kapitel ist nur ein Denkanstoß. Aber kein anstößiger. Hoffe ich jedenfalls. Für alle Fälle möchte ich mich bereits jetzt entschuldigen, ein anderer wird es für mich nicht tun, falls jemand Anstoß nehmen sollte. Sicher ist sicher.

Last Line of Defense

Deutschland, 23. April 2021:

Wir befinden uns im zweiten Jahr der Coronakrise. Gleich mehrere Impfstoffe stehen zur Verfügung, die zwar keinen vollständigen Schutz vor einer Infektion, aber jedenfalls einen deutlich milderen Verlauf bei einer Erkrankung versprechen. Der tägliche Bericht des Robert Koch-Instituts vom 23. April 2021 erklärt, dass fast sechs Millionen Bundesbürger bereits Erst- und Zweitimpfung erhalten haben und mehr als 20 Prozent der Bevölkerung, über 18 Millionen Menschen, bereits die erste Impfung. Täglich kommen 600 000 Menschen hinzu. Der in seiner Wichtigkeit ohnehin überschätzte R-Wert liegt deutlich unter den Bereichen, die er noch im Sommer und Herbst 2020 erreicht hatte.

Seit einigen Tagen sind endlich wieder Themen in der Tagespresse, die nicht das Wort »Corona« schon in der Überschrift tragen. Die Unheilspropheten, die sich in den vergangenen Monaten durch mit öffentlichen Geldern finanzierte Talkshows geschnorrt haben, um mit zum großen Teil frei erfundenen Panikmeldungen ihrer eingeschlafenen Karriere erfolgreich einen neuen Anstoß zu verleihen, sieht man immer noch zu oft, aber zum Glück auch immer weniger.

Selbst die von der Coronapolitik gänzlich im Stich gelassene Kinder- und Jugendgeneration, die lange Zeit und fälschlich als »Treiber der Pandemie« beschimpft wurde, darf darauf hoffen, wie-

der in die Schulen zurückzukehren, die sie seit Wochen nicht von innen gesehen hat.

Es sieht – gerade unter Berücksichtigung der Horrorszenarien, die noch Anfang 2020 aus den Medien nicht wegzudenken waren – deutlich besser aus als erwartet. Das ist ein Grund zur Freude. Es ist ein Grund zur Beruhigung. Oder besser: Es hätte Grund zur Freude und Beruhigung sein können. Wäre da nicht die Bundesregierung …

Viertes Gesetz zum Schutz der Bevölkerung bei einer epidemischen Lage von nationaler Tragweite. Spitzname: Bundesnotbremse. Es ist das mit Abstand grundgesetzfeindlichste Gesetz, das jemals ein Deutscher Bundestag verabschiedet hat. Ein Gesetz, bei dem selbst Nero, Napoleon und die Nazgul gesagt hätten: »Leute, das geht jetzt doch ein bisschen zu weit!«

So gestattet die Bundesnotbremse eine knallharte Ausgangsbeschränkung in der Zeit von 22 Uhr bis 5 Uhr. Selbst ein kleiner Abendspaziergang mit dem Ehepartner gilt als Angriff auf den Schutz der Bevölkerung und wird geahndet. Daher war es weder überraschend noch verfehlt, bereits am Tag, als das Gesetz erlassen wurde, zahlreiche Verfassungsklagen und Eilanträge bei der »last line of defense«, dem Bundesverfassungsgericht, einzureichen. Und da sich das Bremsen-Gesetz bereits mehr als zwei Wochen zuvor angekündigt hatte, hätte das Bundesverfassungsgericht auch mehr als genügend Zeit gehabt, sich vorzubereiten und das Gesetz Volley zurückzuspielen. Von daher durfte man verwundert sein, dass die Karlsruher fast zwei volle Wochen benötigten, um im Eilverfahren zu entscheiden. Ein merkwürdiges Verständnis von Eilverfahren, zumal das Bundesverfassungsgericht dafür bekannt ist, den gewöhnlichen Richter-Pöbel auch gerne mal mit der Peitsche anzutreiben und zu verpflichten, 24 Stunden am Tag, 7 Tage in der Woche, 365 Tage im Jahr einen Eildienst einzurichten, um etwa über den Gewahrsam Volltrunkener zu entscheiden, die im eigenen Erbrochenen und eingenässt in der Ausnüchterungszelle der Polizei gegen ihren Willen festgehalten werden, obwohl sie lieber bei Minusgraden schlafend auf einer vielbefahrenen Hauptstraße der City liegen würden. Aber da geht es ja auch um andere Richter, die sollen gefälligst schnell arbeiten. Man selbst braucht Zeit für die wirklich wichtigen und würdevollen Entscheidungen. Die Karlsruher Richter vermittelten den Eindruck, als wären sie die einzigen Menschen in Deutschland gewesen, die von den bereits seit mehreren Wochen in Zeitung, Rundfunk und Fernsehen angekündigten Eilanträgen völlig überrascht wurden. Doch schließlich war es so weit: Am 5. Mai 2021 erging sie, die Entscheidung im Eilverfahren. Oder besser: Sie überging. Etwa einfache juristische Grundsätze, die selbst einem Studenten im zweiten Semester mit der starken Neigung, die feuchtfröhlichen Feiern der Agrarwissenschaftler der Vorlesung über öffentliches Recht vorzuziehen, nicht entgangen sein sollten. So die Prüfung, ob eine Maßnahme auch nachweisbar geeignet ist, einen legitimen Zweck zu erreichen. Hier erfolgte – schließlich ging es nur um die unwesentlichen Grund- und Freiheitsrechte von lediglich 83 Millionen Bürgern – die berüchtigte »summarische Prüfung« in dem Verständnis erstaunlich unverständiger Juristen. Die nächtliche Ausgangssperre sei jedenfalls nicht evident ungeeignet, um den Schutz der Volksgesundheit zu fördern, erklärten die Verfassungsrichter. Stimmt, ebenso wenig wie es nicht evident ungeeignet ist, einen mit 300 Kilometer pro Stunde herannahenden Intercity Express mit einer Wand aus recyclebarem, zweilagigem Klopapier stoppen zu wollen. Ob das wirklich klappt? Bei Zügen der Deutschen Bahn vielleicht … Jedenfalls muss diese Frage dem Hauptverfahren vorbehalten bleiben. Und so wurde mal eben die Beweislast umgedreht. Nicht mehr der Staat, der die Grundrechte seiner Bürger als vegane Fußmatte gebraucht, muss beweisen, dass seine lupenrein-rechtsstaatlichen Einfälle tatsächlich geeignet sind – nein, der Bürger, der seinen Grundrechten, die er eben noch für eine sichere Bank hielt, hinterherrennt wie ein altersschwacher Schäferhund mit Hüftdysplasie einem Knochen, der an einen Ferrari gebunden ist, muss beweisen, dass die Idee des Staates völliger Humbug ist. Das soll er doch im Hauptsacheverfahren machen, also in sechs bis 24 Monaten oder noch besser, nachdem die Hölle zugefroren ist. Aber bitte nicht jetzt. Und schon gar nicht vor der kommenden Bundestagswahl. Denn, so das Bundesverfassungsgericht, die Zweckmäßigkeit der nächtlichen Ausgangssperre sei wissenschaftlich nicht unumstritten. Leider vergessen die Karlsruher Richter zu erwähnen, welcher seriöse Wissenschaftler diese Ansicht vertritt. War es Doktor Frankenstein, Doktor Snuggles oder doch Daniel Düsentrieb?

Seis drum. Das Bundesverfassungsgericht, der Hüter der Verfassung, war für viele Bürger die einzige Hoffnung. Aber die Hoffnung stirbt bekanntlich zuletzt. Wenigstens das haben wir jetzt schon mal hinter uns.

Viele Bürger fragten sich, was die Verfassungsrichter bewogen haben könnte, eine derartige Entscheidung zu treffen. Nun, was letztlich die Gründe dafür waren, ist im Nachhinein schwer auszumachen. So ist das nun einmal mit einer Entscheidung. Was allerdings die Entscheidung mit Sicherheit beeinflusst haben könnte, ist ein zutiefst menschliches Gefühl. Nein, dieses Mal ist es nicht Angst, sondern Gruppenzugehörigkeit.

Stephan Harbarth, *also known as* Präsident des Bundesverfassungsgerichts, war Mitglied des Bundestages von 2009 bis 2018 für die CDU und stellvertretender Fraktionsvorsitzender bis zu seinem Ausscheiden aus dem Bundestag im November 2018, also demselben Monat, in dem er Richter am Bundesverfassungsgericht wurde. Nicht nur »einfacher« Richter am Verfassungsgericht, sondern gleich dessen Vizepräsident. Vom Bundestagsabgeordneten und stellvertretenden Fraktionsvorsitzenden einer Regierungspartei zum Vizepräsidenten des Bundesverfassungsgerichts ist es in Berlin eben nur ein Katzensprung. Wenn man die richtigen Leute kennt.

Nun war Vetternwirtschaft in der Berliner Politik noch nie ein Thema zum Naserümpfen, sondern deren Akzeptanz Einstellungsvoraussetzung für einen Abgeordneten. Schließlich werden Politiker immer wieder auf irgendwelche Posten und Pöstchen, in Ministerien, Ausschüssen und Aufsichtsräten, verschoben. Die besondere Schwierigkeit, die selbst einige Main-Stream-Medien veranlasste zuzugeben, dass die Besetzung des Verfassungsgerichts mit engen Parteifreunden rückblickend betrachtet vielleicht doch etwas suboptimal sei, ergibt sich aus der Aufgabe des Bundesverfassungsgerichts. Es ist das höchste unabhängige Verfassungsorgan der Justiz. Und damit ist es unter anderem zuständig für die sogenannten Verfassungsbeschwerden, wenn sich ein Bürger in seinen Grundrechten durch staatliches Handeln – vor allem durch Gesetze und Verordnungen – verletzt sieht. Zum Beispiel durch jene Gesetze, die der Bundestag erlassen hat und erlässt. Derselbe Bundestag, dem der Präsident des Bundesverfassungsgerichts bis unmittelbar vor seiner Berufung in das Verfassungsgericht angehört hat. Nun argumentieren manche, der Präsident des Bundesverfassungsgerichts gehöre dem Bundestag ja nicht mehr an. Seine Pflichten als Abgeordneter endeten, als seine Pflichten als Verfassungsrichter begannen. Gar kein Problem. Nun, es wäre dann gar kein Problem, wenn der Präsident des Bundesverfassungsgerichts eine Maschine, ein Computer wäre, bei dem einfach ein Schalter umgelegt oder eine alte Programmierung gelöscht und ein neues Programm installiert werden würde. Aber auch der Präsident des Bundesverfassungsgerichts – vergib mir Herr, ich habe gesündigt – ist und bleibt ein Mensch. Und damit verfügt er über dieselben Denk- und Entscheidungssysteme wie jeder andere Mensch auch. Seine Entscheidungen werden immer – ebenso wie Ihre und meine – sowohl mit dem Bewusstsein als auch mit dem Unterbewusstsein getroffen. Und das Unterbewusstsein wird massiv von Umständen beeinflusst wie zum Beispiel der Gruppenzugehörigkeit. Jeder Mensch neigt dazu, seine Entscheidungen einer Gruppe anzupassen. Je mehr er sich einer Gruppe zugehörig fühlt, desto leichter erfolgt die Anpassung. Es muss kein aktiver Druck oder Zwang seitens der Gruppe ausgeübt werden, obwohl das in Berlin durchaus denkbar ist. Die Anpassung erfolgt völlig automatisch, eben unterbewusst, und unabhängig vom kulturellen oder sozialen Hintergrund der Person. Es ist absolut illusorisch, dass eine Gruppenzugehörigkeit wie die von Stephan Harbarth zu der CDU/CSU-Bundestagsfraktion, die über einen Zeitraum von neun Jahren gefestigt wurde, sich von einem auf den anderen Tag lösen lässt. Eine völlige Auflösung dieser Verbindung benötigt Jahre – falls sie überhaupt möglich ist. Und während dieser Phase der »Auflösung« wird das Unterbewusstsein bei jeder Entscheidung von dieser Gruppenzugehörigkeit beeinflusst. Dass viele Juristen – vor allem auch Richter – diese Art der Beeinflussung in Abrede stellen, zeigt erneut die bereits erwähnte gefährliche Kombination von Ignoranz und Arroganz in diesem Berufszweig.

Der Gefahr einer Gruppenanpassung der eigenen Entscheidung kann nur wirksam begegnet werden, wenn sichergestellt wird, dass die Richter des Bundesverfassungsgerichts eine ausreichend lange Zeit vor ihrer Berufung weder einer Bundes- noch einer Landesregierung und ebenso wenig einem Bundes- oder Landesparlament und auch keiner Partei angehört haben. Der Zeitraum sollte unter Berücksichtigung dessen, dass eine ein- oder zweimalige Wiederwahl der Abgeordneten eines Landtages oder des Bundestages üblich geworden ist, mindestens zwölf Jahre betragen. Nach Ablauf dieser Zeit ist die jeweilige Gruppe in der ursprünglichen Zusammensetzung kaum noch vorhanden, wodurch das Zugehörigkeitsgefühl zumindest erheblich reduziert wird.

Darüber hinaus wäre auch eine gewisse Erfahrung als ordentlicher Richter oder außerordentlicher Richter – darüber verfügen tatsächlich nur sehr wenige Verfassungsrichter – sicherlich von Vorteil. Dann wäre gewährleistet, dass auch die hohen Herren und Damen des Bundesverfassungsgerichts mit den Grundsätzen der Befangenheit eines Richters ausreichend vertraut wären …

Ein Glas Champagner, Euer Ehren?

Ende Juni 2021, Berlin, Kanzleramt:

Die Schokoladenmousse ist ein wahrer Gaumenschmaus. Das ebenso luftig lockere wie cremige Dessert folgt dem Hauptgang nicht nur, es veredelt ihn. Und das ist wahrlich keine leichte Aufgabe, denn das herrlich zarte Rindergeschnetzelte, das den appetitanregenden Antipasti folgte, war eine grandiose Geschmacksexplosion. Es fällt geradezu schwer, nach der Mousse au Chocolat noch etwas Raum für die in Auswahl und Optik perfekt arrangierte Käseplatte zu reservieren. Es ist doch immer wieder ein besonderes Erlebnis, das Diner im Kanzleramt. Die Einladung der Bundeskanzlerin, mit ihr und einigen ausgewählten Personen, etwa der Justizministerin, einige schöne Stunden zu verbringen, ist ein goldener Moment im sonst so beschwerlichen Arbeitsalltag der Bundesverfassungsrichter. Vor allem in einer Zeit, in der so viele unschöne Aufgaben warten. Mehrere Hundert Klagen undankbarer Bürger gegen die Bundesnotbremse. Gegen eine Maßnahme der Regierung, an deren Spitze die so großzügige Gastgeberin des heutigen Abends steht. Einer Gastgeberin, die mit dem herrlichen Diner für das Wohlergehen der Richter sorgt, die über die Verfassungsmäßigkeit ihrer Politik zu entscheiden haben. Keiner der vielen Kläger vor dem Bundesverfassungsgericht war auf eine so spendable und selbstlose Geste gekommen. Nicht einer sprach eine Einladung aus. Dabei muss es ja gar nicht unbedingt ein Vier-Gänge-Menü im Kanzleramt sein. Ein Wochenende in einem Luxushotel oder einige Tage auf einer Segeljacht wären völlig in Ordnung. Aber die Bürger, diese Verfassungskläger, sind nicht nur undankbar, sondern auch geizig gegenüber ihren höchsten Rich-

tern und fantasielos. Sie werden schon noch sehen, was sie davon haben.

Am 27. September 2021 erschien in der *Welt* ein Artikel, der vielen Lesern – mir auch – zunächst wie eine klassische Zeitungsente oder, wie es umgangssprachlich heißt, wie Fake News erschien. Unter der Überschrift »Versuch einer Einflussnahme der Politik auf das Verfassungsgericht«[54] berichtete die Zeitung, dass die damalige Bundeskanzlerin Angela Merkel die Richter des Bundesverfassungsgerichts einschließlich des Präsidenten Harbarth Ende Juni 2021 zum Diner ins Kanzleramt eingeladen hatte. Und das trotz laufender Prozesse, die die Bundesregierung betreffen, unter anderem auch die erwähnten Verfassungsbeschwerden gegen die sogenannte Bundesnotbremse. Justizministerin Christine Lambrecht hielt eine flammende Rede auf die deutsche Coronapolitik, während die Verfassungsrichter Antipasti, Rindergeschnetzeltes, Schokoladenmousse und Käseplatte genossen.

Als das Treffen zwischen den Vertretern der Coronapolitik, den Urhebern der Bundesnotbremse, und den Verfassungsrichtern bekannt wurde, wurden mit viel zu großer Zurückhaltung doch einige Fragen gestellt: Sind der Präsident des Bundesverfassungsgerichts Harbarth und gegebenenfalls auch weitere Richter des Gerichts befangen? Sind sie aufgrund der freundlichen Behandlung durch die Bundeskanzlerin voreingenommen? Und können sie noch unbefangen über die Verfassungsbeschwerden, die die Bundesnotbremse zum Gegenstand haben, entscheiden?

Achtung: Anders als in den Medien vielfach vermittelt wurde, kommt es auf diese Fragen nicht an. Es ist völlig gleichgültig, ob Richter Harbarth und seine Kollegen tatsächlich befangen sind oder nicht. Entscheidend ist allein, ob die *Besorgnis einer Befangenheit* besteht. Das ist etwas anderes. Gemäß § 19 des Gesetzes über das Bundesverfassungsgericht kann ein Richter wegen »Besorgnis der Befangenheit« abgelehnt werden. Es ist absolut unerheblich, ob der Richter tatsächlich befangen ist. Das sah das Bundesverfassungsgericht bis vor einigen Jahren übrigens auch so und erklärte: Es komme nicht darauf an, ob der Richter tatsächlich »parteilich« oder »befangen« sei oder ob er sich selbst für befangen halte. Entscheidend sei ausschließlich, ob ein am Verfahren Beteiligter bei vernünftiger Würdigung aller Umstände Anlass habe, an der Unvoreingenommenheit des Richters zu zweifeln.[55] Bei den Vorschriften über die Besorgnis der Befangenheit gehe es nämlich darum, bereits den bösen Schein einer möglicherweise fehlenden Unvoreingenommenheit zu vermeiden.[56]

Besorgnis der Befangenheit bedeutet eben etwas anderes als Befangenheit. Die Besorgnis, schwanger zu sein, ist auch etwas anderes, als schwanger zu sein. Und deshalb war entscheidend, ob die Verfassungsrichter, indem sie der Einladung der Bundeskanzlerin zu einem Abendessen folgen, bei dem die Justizministerin die Coronapolitik der Bundesregierung verteidigt, den bösen Schein einer fehlenden Unvoreingenommenheit erwecken können. Ja, was denn sonst?! Das fragten sich zahlreiche Bürger. Unter anderem auch ein Rechtsanwalt, der ein Verfahren vor dem Bundesverfassungsgericht führte, das die Ausgangssperre der Bundesnotbremse zum Gegenstand hatte. Und deshalb reichte er ein Ablehnungsgesuch wegen Besorgnis der Befangenheit des Präsidenten des Bundesverfassungsgerichts und eine weitere Richterin ein. Dieses Gesuch wies das Bundesverfassungsgericht am 12. Oktober 2021 mit offensichtlicher Empörung zurück. »Treffen zum Gedanken- und Erfahrungsaustausch zwischen dem Bundesverfassungsgericht und der Bundesregierung als solche und damit auch das Treffen vom 30. Juni 2021« seien »ein zur Begründung der Besorgnis der Befangenheit gänzlich ungeeigneter Grund«, so das Bundesverfassungsgericht.[57] Dass das Thema des Treffens von Präsident Harbarth gerade zu dem Zweck vorgeschlagen worden sei, Mitgliedern der Bundesregierung die Möglichkeit zu geben, sich zu tatsächlichen und rechtlichen Aspekten konkret anhängiger Verfahren zu äußern, stelle eine bloße Behauptung dar, »die bei vernünftiger Betrachtung nicht naheliegt«.[58] Mit dieser Argumentation ließe sich auch begründen: »Regelmäßiger ungeschützter Geschlechtsverkehr zwischen einer Frau und einem Mann ist ein zur Begründung der Besorgnis der Schwangerschaft gänzlich ungeeigneter Grund.« Die Ansicht der ehrenwerten Richter des Bundesverfassungsgerichts widerspricht gänzlich der Auffassung der sogenannten Otto Normalverbraucher. Doch was soll es? Die Meinung der gewöhnlichen rechtstreuen Bürger geht den Ehrenwertesten am Allerwertesten vorbei.

Ganz unabhängig von der Frage einer Befangenheit im rechtlichen Sinn, wäre es übrigens auch eine Frage des Anstands gewesen, die Einladung der Bundeskanzlerin zu einem Abendessen freundlich, aber bestimmt abzulehnen. Ich weiß, dass Anstand keine Einstellungsvoraussetzung ist. Weder für den Bundestag noch für das Verfassungsgericht. Möglicherweise hat man in früheren Zeiten diese Eigenschaft für selbstverständlich gehalten, ich weiß es nicht. Jedenfalls gab es Anstand tatsächlich einst bei den hohen Damen und Herren in Bonn und Karlsruhe. Auch bei hohen Juristen. Selbst bei Politikern. Doch. Im Ernst! Es war einmal vor langer Zeit in einer weit, weit entfernten Galaxis … *Hans-Jochen Vogel.* Ich hätte gern ein Beispiel für Anstand eines gegenwärtigen Spitzenpolitikers gewählt. Eine intensive Suche verlief jedoch zwischen gefälschten Lebensläufen, fragwürdigen Maskendeals und Essenseinladungen ergebnislos. Blicken wir daher einmal 40 Jahre zurück:

Nach dem Rücktritt des Regierenden Bürgermeisters Dietrich Stobbe steckt die Berliner SPD in einer Notlage. Sie bittet Hans-Jochen Vogel, damals als Justizminister Mitglied der Bundesregierung, um Hilfe. Vogel soll Regierender Bürgermeister von Berlin werden. Der Prädikatsjurist mit der Examensnote »sehr gut« fliegt am 23. Januar 1981 in die geteilte Stadt und wird von einer großen Menge Parteifreunden bereits am Flughafen erwartet. Und von einem Dienstwagen aus dem Fuhrpark des Berliner Bürgermeisters. Den haben die Genossen für den zukünftigen Bürgermeister eilig organisiert. Vogel wird das Bürgermeisteramt in wenigen Stunden übernehmen. Aber genau da liegt das Problem: Vogel ist der zukünftige Bürgermeister. Zu diesem Zeitpunkt ist er es noch nicht. Und so erklärt er den um ihn herumstehenden Parteigenossen in ihre verdutzten Gesichter: »Entschuldigung! Der steht mir noch nicht zu!« Dann ruft Vogel ein Taxi herbei, das er natürlich selbst bezahlt, und fährt in Richtung Rathaus davon.

I have a dream …

Karlsruhe, 12. November 2021, Badisches Staatstheater:

Während bereits offen über weitere Lockdown-Maßnahmen für das einfache Volk gesprochen wird, feiern sich die Auserwählten im kleinen Kreis. Heute sind es die Bundesverfassungsrichter und einige Gäste, höchstens 400, die dem neuen Präsidenten des Bundesverfassungsgerichts huldigen wollen. Geplant sind einige Festtagsreden, eingebettet in musikalische Darbietungen eines Jazz-Ensembles. Nachdem die meisten Redner ihren Beitrag zur aktiven Sterbehilfe bereits geleistet haben, kann der Tag genauso seicht ausklingen, wie er begonnen hat. Oder besser er könnte. Denn den ahnungslosen Anwesenden steht noch eine Überraschung bevor, die in den Chroniken des höchsten deutschen Gerichts ihresgleichen suchen wird. Und diese Überraschung bietet ausgerechnet der »Star« des heutigen Abends, der neue Präsident des Bundesverfassungsgerichts, Professor Dr. Harbarth. Langsam, fast bedächtig erhebt er sich von seinem Platz und schreitet würdevoll bis zu dem edlen Rednerpult in der Mitte des Raumes. Sorgfältig positioniert er die wenigen Seiten seines Manuskriptes und richtet das schwarze schmale Mikrofon. Dann blickt er in die erwartungsvollen Mienen der Menge und lässt seinen Blick kreisen. Schließlich atmet er hörbar tief aus und blickt auf das vor ihm liegende Manuskript seiner Rede. Doch es bleibt still. Nach einigen Sekunden werden die ersten Hörer unruhig, einige beginnen nervös zu hüsteln. Plötzlich blickt der große Richter auf, hebt das Manuskript vor den erstaunten Augen des Publikums in die Höhe und zerreißt es demonstrativ mit einem einzigen Ruck. Dann hebt er die linke Hand und streckt den Zeigefinger in die Höhe:

»Ich habe einen Traum, dass eines Tages ein Mensch zum Präsidenten dieses Verfassungsgerichts gewählt wird, der wirklich unabhängig ist. Der nicht von einer Kanzlerin ausgesucht wird aus den eigenen Reihen. Der nicht zuvor ein Amt bekleidet hat wie das des stellvertretenden Fraktionsvorsitzenden einer Regierungsfraktion. Der nicht zu den Parteifreunden, den Duzfreunden der Kanzlerin gehört. Ich habe einen Traum, dass eines Tages Menschen zu Richtern an diesem Verfassungsgericht gewählt werden, die eine Einladung in das Kanzleramt zu einem Diner ablehnen. Die einsehen, dass ein solches Verhalten in den Augen jedes aufrechten Bürgers zutiefst unanständig ist. Und die aus ihren Fehlern lernen und gegenüber dem einzigen Souverän dieses Landes, nämlich dem Bürger, Verantwortung und Bescheidenheit zeigen. Ich habe einen Traum, dass eines Tages …«

Der leichte Klaps trifft mich an der Schulter und ich schrecke auf. Vor mir auf dem Schreibtisch liegt das aufgeklappte Laptop. Neben mir steht meine Ehefrau und blickt mich amüsiert an.

»Hey! Träumst du? Ich habe gefragt, wie du mit dem Kapitel über das Verfassungsgericht vorankommst.«

Ich bin noch immer verwirrt und frage mich, warum der Präsident des Bundesverfassungsgerichts nach der Gorman-Debatte sich so weit aus dem Fenster lehnt und die Worte von Martin Luther King zitiert. Schließlich schüttele ich diesen Gedanken ab und antworte meiner Ehefrau.

»Ich komme gut voran. Ich hatte einen Traum …«

Am 19. November 2021 bequemten sich endlich die obersten Hüter und befanden doch noch über die Verfassungsklagen gegen die Bundesnotbremse. Die Entscheidungen waren wenig überraschend und folgten der bereits mit den Eilentscheidungen vom 5. Mai 2021 eingeschlagenen Linie: mutlos, in der Begründung oberflächlich, die Argumente nicht überzeugend, dafür überfrachtet mit pseudoakademischen Blubberblasen, die juristisch so anspruchsvoll waren, dass sie schon fast einen Master im Europarecht erfordern.

Das Bundesverfassungsgericht ist der Elfenbeinturm des Justizgebäudes, das Luxuspenthouse mit eigenem Fahrstuhl, mit dem man von der Tiefgarage sofort bis nach oben durchfahren kann, ohne sich den erbärmlichen Zustand der unteren Billigstockwerke überhaupt ansehen zu müssen. Daher merken es die in den Elfenbein-Suiten Residierenden auch gar nicht, dass das Fundament des Gebäudes bereits bröckelt und sie mit ihrem Verhalten und ihren Entscheidungen die Abrissbirnen positionieren, mit denen die tragenden Säulen des gesamten Bauwerks endgültig weggeschlagen werden. Das einstmals ebenso starke wie respektierte Bundesverfassungsgericht droht endgültig in einer völligen Bedeutungslosigkeit, in die es nicht erst unter seinem jüngsten Präsidenten gelangt ist, zu verschwinden. Ironischerweise ist gerade die »enge und vertrauensvolle Zusammenarbeit« mit Berufspolitikern, die die Verfassungsrichter anscheinend für so wichtig halten, der Grund dafür, dass sie sich immer weiter vom Bürger entfernen und dessen Vertrauen verlieren. Und offenbar ist diese enge Beziehung zwischen Berufspolitikern und Verfassungsrichtern auch der Grund, dass sie den Blick dafür verlieren, wann ein unanständiges Verhalten auch die Besorgnis der Befangenheit begründen kann. Dem könnte durch eine einfache Bestimmung begegnet werden: Richter am Bundesverfassungsgericht darf nur werden, wer für einen Zeitraum von mindestens zwölf Jahren weder einer Regierung noch einem Parlament angehört hat, sowohl auf Landes- als auch auf Bundesebene, und – wo wir schon einmal dabei sind – auch keiner politischen Partei.

Wenden wir uns nun vom Verfassungsgericht ab – das kann man in letzter Zeit gar nicht oft genug tun –, und widmen uns im letzten Kapitel noch einem justizinternen Problem, dem viel zu wenig Beachtung geschenkt wird.

Kapitel 16
Alte, weiße Krähen

§ 22 Deutsches Richtergesetz

–

Entlassung eines Richters auf Probe

Das folgende Kapitel ist eine Art Fremdkörper in diesem Buch. Wurde bisher das Verhältnis des Richters zum Bürger dargestellt, betreffen die nächsten Seiten die Situation des Richters im Justizapparat. Solche internen Geschichten finden nur selten den Weg in die Öffentlichkeit. Der Fall, der dem Kapitel zugrunde liegt, ist jedoch nicht weniger bedeutend und erschreckend als viele der strafrechtlichen Fälle auf den vorangegangenen Seiten. Urteilen Sie selbst.

Kommt ein Vöglein

Yücsel O. stellt sich als neuer Richter im Amtsgericht vor. Ein höflicher junger Mann, freundliches Auftreten, ein hilfsbereiter Kollege. Und offensichtlich türkischer Abstammung. Aber das ist ja nicht schlimm. Jedenfalls sollte man das meinen. Yücsel O. erhält das »abgesoffene« Dezernat, eine Zivilabteilung, die in den letzten Jahren von zu vielen Proberichtern bearbeitet worden und deshalb in keinem guten Zustand ist. Sehr oft haben Gerichtstermine verschoben werden müssen. Die Akten sind deshalb dick und dicker geworden. Es hagelt Beschwerden der rechtsschutzsuchenden Bürger und ihrer Rechtsanwälte. Aber Yücsel O. lässt sich nicht verängstigen, krempelt die Ärmel hoch und macht sich an die Arbeit. Und das macht er nicht schlecht, obwohl er gegen einen Aktenberg ankämpft, der später nicht auf ein, nicht auf zwei, sondern gleich auf drei Richter mit langjähriger Berufserfahrung verteilt wird, da sich kein Kollege bereit erklärt, dieses riesige Dezernat allein zu übernehmen. Eines Tages erreicht Yücsel O. die Nachricht, dass er sich beim Präsidenten melden soll. Über den Inhalt des Gesprächs lässt man ihn ein wenig im Nebel stehen. Wichtig. Dienstlich. Was auch sonst?

Mit rund 10 000 Arten bilden die Vögel eine der artenreichsten Klassen der Wirbeltiere. Zu ihnen zählt auch die Familie der Corviden, die Rabenvögel, die etwa 120 Arten umfasst, darunter auch die Krähen. Unvergleichbar und einzigartig ist die Art der *Corvus Justitiae* – die gemeine Justizkrähe. Während andere Krähenarten dafür bekannt sind, einen respektvollen Umgang untereinander zu pflegen, und insbesondere darauf achten, nicht die Augen eines Artgenossen mit dem eigenen

Schnabel zu verletzen (»Eine Krähe hackt der anderen kein Auge aus«), ist dies bei der gemeinen Justizkrähe anders. Diese hackt ihren Artgenossen nicht nur mit Vorliebe das ein oder andere Auge aus, sondern sie berichtet hiervon auch gern der Oberkrähe. Das Augenaushacken folgt gewissen Regeln, der sogenannten Hackordnung. Ganz unten in der Hackordnung stehen die Küken, die sogenannten Richter auf Probe. Das ist die offizielle Bezeichnung der Richter in den ersten drei Jahren nach ihrer Einstellung in den Richterdienst. In dieser Zeit ist eine Entlassung möglich, im ersten Jahr gemäß § 22 Deutsches Richtergesetz praktisch ohne jeden Grund, nach reinem Gutdünken. Daher will der Nachwuchsrichter in seiner Probezeit weder bei seinem Vorsitzenden und schon gar nicht bei seinem Behördenleiter in Ungnade fallen, von deren Wohlwollen seine Zukunft abhängt. Diese Schwäche wird häufig ausgenutzt und nicht wenige Proberichter werden auf beschämende Art und Weise behandelt. So setzen einige Behördenleiter gezielt Proberichterinnen als Kellnerinnen auf Gerichtsfesten ein, um den alten Herren Rechtsanwälten des Bezirks das Bier zu servieren, wobei sich die jungen Damen auch schon mal den ein oder anderen derben Spruch anhören dürfen. Darüber hinaus erhalten die jungen Kollegen in vielen Amts- und Landgerichten bevorzugt die Abteilungen und Dezernate, die sich in dem schlechtesten Zustand befinden. Damit stehen sie gerade zu Beginn ihres Richterdienstes vor einer schier unlösbaren Aufgabe. Deshalb quittieren immer wieder frustrierte Proberichter den Dienst. Doch das ist nur das Werk der gemeinen Justizkrähe. Es gibt jedoch noch eine ganz besondere Unterart dieser Krähe …

Der muss weg

»Sie sind ungeeignet für eine Anstellung auf Lebenszeit.« Yücsel O. fühlt sich, als wäre er im falschen Film. Tatsächlich sitzt er im Büro des Präsidenten, der ihm soeben erklärt hat, dass er aus dem Richterdienst entfernt werden soll. Sein außerdienstliches Verhalten sei inakzeptabel. Der junge Richter ist wie vor den Kopf geschlagen. Es dauert einen Moment, bis er wieder etwas sagen kann. »Aber … warum?« Ja, was hatte Yücsel O. getan? Er weiß, dass bei einem bereits verplanten Richter ein strafbares Verhalten, das mit einer Freiheitsstrafe von mehr als einem Jahr geahndet wird, zur Entlassung aus dem Dienst führen kann. Also etwa ein Raub, eine Brandstiftung oder eine Vergewaltigung. Bei einem Proberichter genügt ein Verhalten, das bei einem Planrichter eine in einem gerichtlichen Disziplinarverfahren zu verhängende Disziplinarmaßnahme zur Folge hätte. Angestrengt denkt Yücsel nach. Doch so sehr er sich auch bemüht, kann er sich nicht daran erinnern, in der letzten Zeit ein Verbrechen begangen zu haben. Schon rein zeitlich wäre es ihm schwierig gewesen. Denn immerhin hält er sich mehr als 60 Stunden in der Woche im Gericht oder am Schreibtisch auf, um die Akten seiner Abteilung zu bearbeiten. Nach einigen Augenblicken klärt ihn der Präsident über seine unverzeihliche Missetat auf: Der junge Mann hat auf seinem Instagram-Profil ein Foto gepostet, das ihn auf einem Schießstand zeigt. Mit einem Gewehr in der Hand!

»Ja. Und?«, fragt Yücsel O. sorglos. Ihm ist offensichtlich nicht einmal bewusst, welch unsägliches Verbrechen er damit begangen hat. Natürlich gibt es unter den Richtern auch Schützen und Jäger, Sportschützen, ja sogar Reservesoldaten. Und natür-

lich lassen diese sich auch hin und wieder »in voller Montur« und mit der ein oder anderen klein- oder großkalibrigen Waffe und manchmal auch mit dem erlegten Wild ablichten. Aber: Diese Kollegen sehen alle nicht gefährlich aus. Also nicht nach südländischem Migrationshintergrund. Mit schwarzem Vollbart und so. Ein weißer Richter mit Gewehr ist ein Schütze oder ein Jäger oder ein guter, deutscher Reservesoldat. Ein Mann mit offensichtlich südländischen Wurzeln und mit Vollbart und Gewehr ist ein Islamist, ein Terrorrist bei der Vorbereitung eines Anschlages! Das wissen alle rechtschaffenden, anständigen Deutschen. Yücsel O. versucht zu erklären, dass das Foto nicht auf einem Schießstand für Terroristen aufgenommen worden ist, sondern einem ganz offiziellen Schießstand, auf dem auch Polizeibeamte trainieren, und dass er auf dem Foto eine kurze Hose, ein lässiges Freizeitshirt und gelbe Ohrenschützer trägt. Eine ganz billige Ausrede! Islamistischer Terrorist bleibt islamistischer Terrorist! Diese Erkenntnis dürfte die polizeiliche Rasterfahndung zukünftig immens erleichtern: Suchen Sie nach Männern mit südländischem Aussehen, die kurze Hosen, Freizeitshirts und gelbe Ohrenschützer tragen!

Auch spielt es keine Rolle, dass der für Personalangelegenheiten zuständige Richter mit langjähriger Diensterfahrung kurz zuvor ein ähnliches Foto von Yücsel O. auf dessen Instagram-Profil geliked hatte. Denn hierbei, erklärt man dem jungen Noch-Richter, habe es sich nur um ein »Versehen« gehandelt. Der für Personalangelegenheiten zuständige Richter habe gar kein »Daumen hoch« für das Foto geben wollen, sondern sei da nur irgendwie versehentlich drangekommen. Ähnliche Einlassungen hören Strafrichter übrigens von Männern, die wegen sexueller Belästi-

gung angeklagt sind, weil sie einer Frau in den Ausschnitt oder unter den Rock gefasst haben.

Nur der Vollständigkeit halber wird Yücsel O. auf eine weitere Verfehlung hingewiesen: Ein anderes Instagram-Foto zeigt ihn mit kurzer Hose und Basketballshirt in bedrohlicher Haltung auf einem gestreiften Gartenstuhl. Und dieses Foto – Achtung jetzt kommt es – hat er mit Rapmusik unterlegt. Mit RAPMUSIK! Wo doch jeder weiß, dass Rapmusik die Wurzel allen Übels ist! Das Verderben der Jugend! Wie vor etwa 80 Jahren die gefährliche Musik der Jazz-Gangster Glenn Miller und Louis Armstrong.

Aus diesen Gründen ist es untragbar, Yücsel O. weiterhin als Richter tätig werden zu lassen. Er wird unverzüglich aus dem Richterdienst entfernt.

Corvus Justitiae albus antiquus – die alte, weiße Justizkrähe. So heißt die Unterart der gemeinen Justizkrähe, die sich durch ein besonderes Merkmal auszeichnet: Sie ist ewig gestrig. Rapmusik ist Verbrechermusik. Männer mit Vollbart, südländischem Aussehen und Gewehr sind Terroristen. So einfach kann das Weltbild sein, so schlicht. Und in dieses Weltbild hat sich der Richter einzufügen. Richter haben nicht Rapmusik zu hören, sondern Opern und Kammermusik. Nicht 50 Cent und Eminem, sondern Richard Wagner und Georg Friedrich Händel. Richter haben keinen Instagram-Account zu haben, sondern ein Mitgliedsbuch vom Trachtenverein. Keine Follower, sondern Vereinskameraden. Und kein Tattoo, sondern einen Schmiss. So sollte er sein, der deutsche Richter: ordentlich, unauffällig und angepasst. Eben wie vor 80 Jahren.

Und Abflug

Der Bezirksrichterrat, die Personalvertretung der Richter, also jedenfalls der Richter ohne südländisches Aussehen, akzeptiert die Entscheidung der Verwaltung und widerspricht der Entlassung des jungen Richters nicht. Der Bezirksrichterrat könnte Yücsel O. helfen. Er zieht es vor zu schweigen. Ein zu lauter Bezirksrichterrat schadet nur der eigenen Karriere.

Yücsel O. sucht anwaltlichen Beistand und reicht einen Eilantrag beim zuständigen Richterdienstgericht ein. Das ist im April 2020. Entlassen werden soll er zum 31. Mai 2021. Mehr als ausreichend Zeit für das Richterdienstgericht, um eine Entscheidung zu treffen. Denkt Yücsel O. Doch nach sechs Monaten wartet er noch immer auf die Eilentscheidung des Richterdienstgerichts. Es ist Corona! Da darf man eine Eilentscheidung, die schneller ergeht als die Entwicklung, Zulassung und Verabreichung eines Impfstoffes, nicht erwarten. Weil Yücsel O. mit der Entlassung aus dem Richterdienst auch das Gehalt gestrichen wird, nimmt er einen Job in der Privatwirtschaft an. Mittlerweile beabsichtigt der junge Mann auch nicht mehr, noch einmal in den Richterdienst zurückzukehren. Ein gutes Gehalt, eine vernünftige Arbeitsausstattung und ein respektvoller Umgang in der neuen Arbeitsstelle erleichtern ihm den Abschied vom ehrenvollen Richterdienst. Natürlich muss er mit alten, weißen Krähen auch in der freien Wirtschaft rechnen, aber wenigstens werden sie nicht noch vom Staat für rückständiges Denken bezahlt.

Die Justiz hat seit einigen Jahren gewaltige Nachwuchssorgen. Daher wurden die Einstellungsvoraussetzungen immer weiter gesenkt. War früher noch ein sogenanntes Prädikatsexamen erforderlich, das nur jeder fünfte Jurist vorweisen kann, begnügt man sich heute mit einem Befriedigend. Eine wirkliche Auswahl findet nicht mehr statt, der Staat muss nehmen, was kommt. Der Richterberuf verliert trotzdem weiter an Attraktivität, weder mit der Bezahlung noch mit den Arbeitszeiten kann man gegenüber der freien Wirtschaft punkten. Auch die Ausstattung mit Arbeitsmitteln – veraltete Büromöbel, antiquierte Bücher und eine IT auf dem Stand des letzten Jahrhunderts – schreckt junge Bewerber ab. Aber noch abschreckender ist die rückständige Denkweise in der Justiz. Was sollen junge Bewerber denken, wenn sie hören, dass ihr Social-Media-Account überwacht wird? Dass geprüft wird, welche Musikrichtung sie hören? Und wohlgemerkt, es geht hier nicht um irgendwelche links- oder rechtsradikalen Lieder, sondern schlicht und einfach um Rapmusik. Und was sollen diejenigen Bewerber denken, deren Vorfahren einen Migrationshintergrund haben? Dass sie sich anders verhalten müssen als ihre Kollegen ohne solche Wurzeln? Dass sie vorsichtiger seien müssen bei der Auswahl ihrer Hobbys? Oder bei der Auswahl der Fotos, die sie auf ihren Social-Media-Accounts posten?

Es ist die ewig gestrige Denkweise in der Justiz, die dringend notwendige Reformen verhindert. Bei der Auswahl und Beförderung der Richter ebenso wie bei ihrer Ausbildung, Ausstattung und Besoldung. Und es ist diese Denkweise, die immer mehr junge und qualifizierte Bewerber mit und ohne ausländische Wurzeln davon abhalten wird, in den Richterdienst einzutreten. Es ist die Denkweise der alten, weißen Krähen.

Glaubst du …?

»Glaubst du, dass sich etwas ändert?«

Nach der Brotzeit brechen wir gemeinsam von der Berghütte auf, meine Frau, unsere beiden Töchter, die junge Staatsanwältin und ich. Bis zur Seilbahnstation gehen wir zusammen weiter. Unsere beiden Töchter sind schon vorausgelaufen.

»Glaubst du, dass sich etwas ändert?«, fragt die Staatsanwältin nachdenklich.

»Du meinst: zum Guten?«

Sie lacht: »Ja, vorzugsweise.«

»Hat es doch schon!«

Jetzt schaut sie verwirrt aus. »Ach ja? Und was?«

»Voßkuhle ist nicht mehr Präsident des Verfassungsgerichts.«

Sie lacht. »Stimmt. Dafür aber Harbarth.«

»Auch wieder wahr.« Ich denke kurz nach. »Heiko Maas ist nicht mehr Justizminister.«

»Dafür aber … ach Mist, den Namen kann ich mir nie merken. Ist auch nicht wichtig.«

An der Seilbahnstation trennen sich unsere Wege. Die junge Frau will noch weiter bis zum Gipfelkreuz, das wir bereits vor dem Mittag erreicht hatten.

»Also dann! Hat mich gefreut«, sagt sie und zieht die Riemen ihres Rucksacks für den weiteren Aufstieg straffer.

»Uns auch! Schönen Urlaub noch!«

»Euch auch! Ich bin gespannt auf dein nächstes Buch. Pfiat euch!«, verabschiedet sie sich mit dem klassischen Gruß.

Während wir uns in die Schlange zur Seilbahnstation stellen, schaue ich ihr noch eine Weile nach. »Glaubst du, dass sich etwas ändern wird?«, wiederhole ich in Gedanken ihre Frage.

Albert Einstein wird das Zitat zugeschrieben: »Die Definition von Wahnsinn ist, immer wieder das Gleiche zu tun und andere Ergebnisse zu erwarten.« Die in den Kapiteln dieses Buches aufgezeigten Probleme sind nicht über Nacht entstanden, sondern haben sich über Jahrzehnte entwickelt. Mutlose, von der Regierung abhängige, handzahme, ignorante und arrogante Richter sind keine Fehler im System. Sie sind eine notwendige Folge des Systems. Oder noch genauer: Sie sind das System. Und im Normalbetrieb fallen sie auch nur durch einige Skandalurteile auf, so wie sie immer wieder Gegenstand in den Medien waren und sind. Erst dann, wenn sich der Staat in einer hausgemachten oder unverschuldeten Krise befindet und der Notbetrieb läuft, wird den meisten Menschen bewusst, wie es um die dritte Staatsgewalt tatsächlich bestellt ist. In den einzelnen Kapiteln dieses Buches wurden nicht nur die kleinen und großen Baustellen der Justiz dargestellt, sondern auch, welche Änderungen erforderlich sind, damit wir andere Ergebnisse erwarten dürfen.

Einfache Änderungen sind bereits jetzt möglich, ohne dass eine Gesetzesanpassung erforderlich ist. Sie betreffen insbesondere die zu Recht als zu milde empfundenen Strafurteile in Fällen von Kinderpornografie, gefährlicher Körperverletzung mit Messern und sexuellem Missbrauch von Kindern. Hier können die Justizminister der Länder mit einer einfachen Weisung an die ihnen nachgeordneten Staatsanwaltschaften dafür Sorge tragen, dass die aus Bequemlichkeit und Angst vor einer Revision regelmäßig ausgesprochenen milden Strafen der Landgerichte konsequent mit einem Rechtsmittel angefochten werden. Diese Weisungsrechte lassen Justizminister jedoch seit Jahrzehnten ungenutzt. Eine plötzliche Einsicht und ein Sinneswandel dürfen auch in Zukunft nicht erwartet werden.

Reformen, die die Auswahl und Ausbildung der Richter betreffen – angefangen beim einfachen Amtsrichter bis hin zum Verfassungsrichter –, sind die mit großem Abstand anspruchsvollsten und auch unwahrscheinlichsten Reformen. Denn hier ist eine konsequente Umsetzung des Prinzips der Gewaltenteilung erforderlich, um die man sich seit Gründung der Bundesrepublik Deutschland hartnäckig drückt. Es müssen klare und eindeutige rechtliche Voraussetzungen geschaffen werden, die eine unmittelbare wie mittelbare Auswahl der Richter durch die Regierung ebenso verhindern wie ein Hin- und Herspringen einzelner Personen zwischen den Staatsgewalten.

Am wahrscheinlichsten sind Gesetzesänderungen, mit denen Cannabis-Konsum, Schwarzfahren und Unfallfluchten bei nur geringen Sachschäden entkriminalisiert werden, zumal insoweit auf die Regelungen und Erfahrungen der europäischen Nachbarländer zurückgegriffen werden kann. Die Absichtserklärungen der neuen Regierungskoalition lassen insbesondere eine teilweise Legalisierung von Cannabis-Konsum zeitnah erwarten.

Um die eingangs des Kapitels gestellte Glaubensfrage der jungen Staatsanwältin zu beantworten: Nein, ich glaube nicht, dass sich etwas Wesentliches zum Guten verändern wird. Es fehlt der Wille zur Veränderung, insbesondere der Wille, eine starke und unabhängige Rechtsprechung als dritte Staatgewalt zu etablieren. Im Prinzip bleibt alles beim Alten, aber mit der berechtigten Hoffnung, den Ärger und die Wut über milde Strafurteile gegen Kinderschänder und Messerstecher sowie über das mutlose und unanständige Verhalten einiger Verfassungsrichter jedenfalls mit dem ein oder anderen Joint wegrauchen zu können. Im abschließenden Kapitel meines ersten Buches *Urteil: Ungerecht* findet sich die Formulierung »die dritte Staatsgewalt steht … vor dem Abgrund«. Heute, zwei Jahre später, steht sie nicht mehr dort. Sie ist bereits einen Schritt weiter. Aber viele Menschen, darunter auch Richter, Staatsanwälte und Advokaten, werden wenigstens rechtzeitig in den Genuss kommen, mithilfe von Cannabis den freien Fall als das Gefühl zu erleben, fliegen zu können.

Was ich noch sagen wollte …

Die Arbeit an dem Manuskript war nicht immer einfach. Nicht etwa, weil der Abgabetermin immer näher rückte oder ich unter einer Schreibblockade litt. Es lag an den Themen in diesem Buch. Wenn man sich nicht nur im Büro und im Gerichtssaal, sondern auch daheim mit den vielen Fehlern des Justizsystems auseinandersetzen muss, reicht es irgendwann. Deutlicher ausgedrückt: Ich hatte die Schnauze gestrichen voll. Voll von schlecht ausgebildeten, dafür aber arroganten, ignoranten und mutlosen Kollegen. Voll von der unzureichenden Gewaltenteilung. Voll von fehlendem Anstand in höchsten Staatsämtern. Und voll von Ressentiments in der Gerichtsverwaltung.

Immer wenn dieses Schnauze-voll-Gefühl zu stark zu werden drohte, machte ich eine Übung, die mir von einem erfolgreichen Menschen empfohlen wurde. Ich überlegte mir drei Dinge, für die ich dankbar bin. Und sofort wurde das Schnauze-voll-Gefühl kleiner. So klein, dass es mich nicht mehr von der Arbeit an diesem Manuskript abhielt. Und deshalb möchte ich die letzten Zeilen dieses Buches nutzen, um Danke zu sagen:

Danke, liebes Sachbuch-Lektorat vom riva-Verlag für die Verwirklichung unseres dritten gemeinsamen Projektes!

Danke, liebe Kira und liebe Rhona, dass ihr an vielen Abenden auf mich verzichtet habt!

Danke, liebe Anne, dass du mich wieder unterstützt hast! Ohne dich wäre auch dieses Projekt niemals über eine flüchtige Idee hinausgelangt.

Danke, liebe Leserinnen und Leser, für Ihre Aufmerksamkeit, Ihre Anregungen und Ihren großartigen Zuspruch zu meiner Autorentätigkeit seit dem Erscheinen meines ersten Buches!

Anmerkungen

1 Vgl. Landeskriminalamt Nordrhein-Westfalen, Polizeiliche Kriminalstatistik 2020, S. 91 f., https://lka.polizei.nrw/sites/default/files/2021-06/PKS_Jahrbuch_2020.pdf.

2 Vgl. Ministerium für Inneres, Digitalisierung und Migration Baden-Württemberg, Sicherheitsbericht Baden-Württemberg 2020, S. 59, https://im.baden-wuerttemberg.de/de/service/publikation/did/sicherheitsbericht-2020/.

3 Im Jahr 2019 wurden bundesweit 33 462 gefährliche Körperverletzungen abgeurteilt, 29 766 der Täter waren männlich.

4 Vgl. t-online, 06.05.2021, https://www.t-online.de/region/frankfurt-am-main/news/id_89987374/bewaehrungsstrafe-nach-lebensgefaehrlicher-messerattacke.html.

5 Vgl. Bild, 15.06.2021, https://www.bild.de/regional/duesseldorf/duesseldorf-aktuell/prozess-fuer-duesseldorf-bewaehrung-fuer-brutalo-boxer-tyson-aus-hagen-76756064.bild.html.

6 Vgl. Merkur.de, 13.07.2021, https://www.merkur.de/lokales/erding/erding-ort28651/beziehungsprobleme-mit-messer-geloest-bewaehrungsstrafe-90859083.html.

7 Die Zahlen sind der Fachserie 10, Reihe 3 des Statistischen Bundesamtes, Rechtspflege – Strafverfolgung, erschienen am 29.10.2020, entnommen; https://www.statistischebibliothek.de/mir/servlets/MCRFileNodeServlet/DEHeft_derivate_00062210/FS10_R3_2019.pdf.

8 Gemäß § 56 Strafgesetzbuch können nur Freiheitsstrafen von nicht mehr als zwei Jahren zur Bewährung ausgesetzt werden.

9 Bei bestimmten Straftaten wie zum Beispiel einer Beleidigung kann der Verletzte die Anklage auch ohne die Mitwirkung der Staatsanwaltschaft erheben, was vor allem dann angemessen ist, wenn es sich um weniger schwerwiegende Vorwürfe handelt, bei denen die Allgemeinheit nicht berührt ist, etwa leichten Beleidigungen unter Nachbarn.

10 Die Ursache für dieses bedenkliche Verhalten der Berufungskammern ist ausführlich in »Urteil: Ungerecht – Ein Richter deckt auf, warum unsere Justiz versagt«, riva 2019, S. 184 ff. beschrieben.

11 Vgl. dazu im Einzelnen »Endlich richtig entscheiden – Der Richter verrät seine besten Strategien«, riva 2020, S. 184 ff.

12 Vgl. Gewalt gegen Polizeivollzugsbeamte, Bundeslagebild 2020, Seite 49, https://www.bka.de/SharedDocs/Downloads/DE/Publikationen/JahresberichteUndLagebilder/GewaltGegenPVB/GewaltGegenPVBBundeslagebild2020.html.

13 Vgl. Gewalt gegen Polizeivollzugsbeamte, Bundeslagebild 2020, Seite 11.

14 Vgl. Gewalt gegen Polizeivollzugsbeamte, Bundeslagebild 2020, Seite 24.

15 Vgl. Statistisches Bundesamt, Fachserie 10, Reihe 3, S. 170, https://www.destatis.de/DE/Themen/Staat/Justiz-Rechtspflege/Publikationen/Downloads-Strafverfolgung-Strafvollzug/strafverfolgung-2100300207004.pdf.

16 Vgl. Statistisches Bundesamt, Fachserie 10, Reihe 3, S. 212.

17 Vgl. Lackner/Kühl, Strafgesetzbuch, 29. Aufl. 2018, Rn. 1.

18 SZ, 06.07.2021, https://www.sueddeutsche.de/panorama/missbrauchskomplex-muenster-urteil-adrian-v-1.5343403.

19 Vgl. Polizeiliche Kriminalstatistik 2020, Ausgewählte Zahlen im Überblick, S. 10, https://www.bmi.bund.de/SharedDocs/downloads/DE/publikationen/themen/sicherheit/pks-2020.pdf?__blob=publicationFile&v=2.

20 Vgl. Statistisches Bundesamt, Fachserie 10, Reihe 3, 2019, S. 160 f.

21 Vgl. Urteil des Bundesgerichtshofs vom 06.07.2017, Az. 4 StR 415/16.

22 Vgl. § 56 Abs. 3 Strafgesetzbuch.

23 Vgl. Zeit-Online, 29.09.2017, https://www.zeit.de/politik/deutschland/2017-09/linus-foerster-missbrauchsprozess-haftstrafe, und Stern, 28.05.2010, https://www.stern.de/panorama/stern-crime/ex-parlamentarier-tauss-schuldig-bewaehrungsstrafe-wegen-kinderpornos-3095530.html.

24 Vgl. Münchener Kommentar zum Strafgesetzbuch, 4. Aufl. 2021, § 184b Rn. 7.

25 Vgl. Statistisches Bundesamt, Fachserie 10, Reihe 3, 2019, S. 160 f.

26 Vgl. § 407 Absatz 1 Satz 2 der Strafprozessordnung.

27 Vgl. § 408 Absatz 3 Satz 2 der Strafprozessordnung.

28 Vgl. Polizeiliche Kriminalstatistik 2020, Ausgewählte Zahlen im Überblick, S. 14.

29 Vgl. Urteil: Ungerecht, S. 184.

30 Im Jahr 2020 wurden 97 Prozent der Revisionen zu den Oberlandesgerichten vom Beschuldigten eingelegt und nur 3 Prozent von der Staatsanwaltschaft.

31 Vgl. Statistisches Bundesamt Fachserie 10, Reihe 2.3, 2020, S. 82 f., https://www.destatis.de/DE/Themen/Staat/Justiz-Rechtspflege/Publikationen/Downloads-Gerichte/strafgerichte-2100230207004.pdf.

32 Vgl. Münchener Kommentar zum Strafgesetzbuch, 4. Aufl. 2021, § 184b Rn. 6 f.

33 Tetrahydrocannabinol.

34 Der prozentuale Anteil bei Rauschgifthandelsdelikten liegt ähnlich hoch, von 54 348 Taten betrafen 31 961 Cannabishandelsdelikte.

35 Vgl. Bundesgerichtshof, Beschluss vom 23.01.2019, Az.: 1 StR 209/18.

36 Im Jahr 2019 waren es 219 und im Jahr 2018 noch 331 Straftaten.

37 Vgl. Urteil: Ungerecht, S. 71.

38 Vgl. Münchener Kommentar zum Strafgesetzbuch, 3. Aufl. 2019, § 265a Rn. 7.

39 Vgl. Polizeiliche Kriminalstatistik Bundesrepublik Deutschland, Jahrbuch 2019, Band 2, S. 13, https://www.bka.de/DE/AktuelleInformationen/StatistikenLagebilder/PolizeilicheKriminalstatistik/PKS2019/PKSJahrbuch/pksJahrbuch_node.html.

40 Vgl. § 250 Abs. 1 Nr. 1 a) Strafgesetzbuch.

41 Vgl. § 250 Abs. 2 Nr. 1 Strafgesetzbuch.

42 Vgl. Münchener Kommentar zum Strafgesetzbuch, 4. Aufl. 2021, § 142 Rn. 4.

43 Aus der Verkehrsunfallstatistik für das Land Nordrhein-Westfalen für das Jahr 2019 ergibt sich, dass von 143 471 Unfallfluchten weniger als 4 Prozent einen Unfall mit Personenschaden betreffen.

44 Vgl. § 32 Abs. 2 Nr. 5 a) Bundeszentralregistergesetz – sofern im Register keine weitere Strafe eingetragen ist.

45 Vgl. Schönke/Schröder, Strafgesetzbuch, 30. Aufl. 2019, § 315d, Rn. 1.

46 Vgl. Statistisches Bundesamt, Fachserie 10, Reihe 3, 2019, S. 46 u. 112 f.

47 Vgl. Münchener Kommentar zum Strafgesetzbuch, 4. Aufl. 2020, § 69 StGB Rn. 6.

48 Vgl. Polizeiliche Kriminalstatistik, Jahrbuch 2019, Band 3, Tatverdächtige, Seite 151, https://www.bka.de/DE/AktuelleInformationen/StatistikenLagebilder/PolizeilicheKriminalstatistik/PKS2019/PKSJahrbuch/pksJahrbuch_node.html.

49 Vgl. Focus-Online, Erstmals mehr als 250 000 Ausreisepflichtige: Rekord bei Zahl der Abschiebe-Kandidaten, 10.03.2020, https://www.focus.de/politik/sicherheitsreport/neueste-zahlen-aus-dem-bamf-erstmals-mehr-als-250-000-ausreisepflichtige-zahl-der-abschiebe-kandidaten-auf-rekordhoch_id_11754700.html.

50 Vgl. VGH München, Beschluss vom 30.03.2020, 20 NE 20.632 Rn. 31.

51 Falls Sie sich mit diesem Thema vertieft auseinandersetzen möchten, empfehle ich Ihnen mein Buch »Endlich richtig entscheiden – Der Richter verrät seine besten Strategien«.

52 Die GVVO wurde erst 2014 aufgehoben. Die Grundprinzipien gelten jedoch bei der Besetzung der Behördenleiterposten weiterhin fort.

53 Vgl. Beschluss des Bundesverwaltungsgerichts vom 16.06.2021, Az.: 6 AV 1.21.

54 Versuch einer Einflussnahme der Politik auf das Verfassungsgericht, Welt, 27.09.2021, https://www.welt.de/politik/deutschland/plus234032210/Dinner-im-Kanzleramt-Versuch-einer-Einflussnahme-der-Politik-auf-das-Verfassungsgericht.html.

55 Vgl. Bundesverfassungsgericht (BVerfG), Beschluss vom 05.04.1990 – 2 BvR 413/88.

56 Vgl. BVerfG, Beschluss vom 18.06.2003 – 2 BvR 383/03.

57 Vgl. BVerfG, Beschluss vom 12.10.2021, Az.: 1 BvR 781/21 Rn. 25.

58 Vgl. BVerfG, Beschluss vom 12.10.2021, Az.: 1 BvR 781/21 Rn. 33.

Über den Autor

Thorsten Schleif, 1980 geboren, studierte Rechtswissenschaften in Bonn und ist seit 2007 Richter in Nordrhein-Westfalen. Gegenwärtig ist er als Vorsitzender des Schöffengerichts und Jugendrichter am Amtsgericht Dinslaken tätig. Von März 2014 bis September 2018 war er alleiniger Haftrichter für die Amtsgerichte Dinslaken und Wesel. Der zweifache Familienvater lebt mit seiner Familie in Duisburg. Im riva Verlag sind bisher von ihm erschienen: *Urteil: ungerecht* (2019) und *Endlich richtig entscheiden* (2020).

Sie erreichen den Autor auf
www.instagram.com/thorstenschleif
und auf
www.thorstenschleif.de

208 Seiten
19,99 € (D) | 20,60 € (A)
ISBN 978-3-7423-1150-4

Schleif, Thorsten

Urteil: ungerecht

Ein Richter deckt auf, warum unsere Justiz versagt

Kaum ein Tag vergeht, ohne dass deutsche Gerichte skandalös anmutende Urteile fällen: Brutale Gewalttäter erhalten lächerlich milde Strafen, Wiederholungstäter entgehen längst fälligen Haftbefehlen, weil die Verfahren viel zu lange dauern, Freiheitsstrafen werden wieder und wieder zur Bewährung ausgesetzt. Das Vertrauen in unsere Justiz schwindet.

Skandal- und Fehlurteile sind kein Zufall, sondern systembedingt, sagt Richter Thorsten Schleif. Unser Justizsystem versagt bereits lange vor den eigentlichen Verfahren, bei der Ausbildung und Auswahl seiner Richter.

Anhand zahlreicher zum Teil erschreckender Beispiele beschreibt Schleif, wie in Deutschland Richter herangezogen werden, die den Herausforderungen ihres Berufs und unserer Gesellschaft nicht mehr gewachsen sind. Der Zusammenbruch des Rechtsstaates hat bereits begonnen – kann er noch abgewendet werden?

riva

208 Seiten
19,99 € (D) | 20,60 € (A)
ISBN 978-3-7423-1150-4

Schleif, Thorsten

Endlich richtig entscheiden

Der Richter verrät seine besten Strategien

Thorsten Schleif ist Amtsrichter – und viel beschäftigt. Jährlich fällt er Urteile in über 400 Strafverfahren. Hinzu kommen zahllose Entscheidungen, die er im Eilverfahren trifft, etwa über Haftbefehle. Ohne Zweifel – es sind schwerwiegende Fälle. Doch Richter Schleif ist Meister der Entscheidung. Er urteilt nicht wahllos, sondern bewusst. Und er kann sich nicht drücken, er muss entscheiden.

Jetzt wird der Richter zum Ratgeber: Er legt zuerst die Voraussetzung dar, den Mut zur Entscheidung, und verrät, wie wir diesen entwickeln. Sodann zeigt er anhand vieler Beispiele, wie wir richtig entscheiden, im privaten Alltag wie im Beruf. Schleif berücksichtigt die wichtigsten Einsichten der Hirnforschung und Psychologie. Und er lässt uns an seinem reichen Erfahrungsschatz teilhaben. Eine aufmunternde Lektüre, ein Antidot für Entscheidungsmuffel und eine Kur für notorische Falschentscheider!

riva